KB237432

하지홍 교수의 개 이야기

하지홍 교수의 개 이야기

차례
Contents

개의 기원과 가축화 과정

개의 혈통적 뿌리

개는 늑대가 변해 생겨난 동물이다. 늑대의 일부 특징들을 아직도 지니고 있긴 하지만 많은 부분 늑대의 본성이 소실되어 버리고 전혀 새로운 동물로 거듭 태어난 변이종이 바로 개인 것이다. 현재 지구상에 살아있는 야생 늑대의 수는 10만 마리에도 미치지 못하나 개는 10억 마리가 더 되는 것으로 추산된다. 원종인 늑대는 거의 멸종 단계에 와 있는 반면 변종인 개는 인간과 함께 번성종이 되어 지구촌 곳곳에서 활기차게 살아가고 있다. 오래전 어떤 시점에 인간의 생활 영역 안으로 들어와서 길들여진 개는 번성하여 살아남은 대신 야생으로 남겨진 늑대는 인간의 생활 영역 확장에 따라 생태학적 변방으로 밀려나서 거의 소멸의 위기에까지 이르게 된 것이다.

그러나 인간과 공동 운명체가 된 이래 개는 안락한 보금자리와 풍부한 음식은 얻었으나 늑대에게는 없는 다양한 유전병을 얻게 되었다. 자유로움과 야성을 잃어버린 대신 안락함과 질병의 고통을 동시에 얻게 되었다고나 할까, 종족으로서 다행인지 불행인지 알 수 없지만 개의 운명은 인간과 함께 함으로 이제는 돌이킬 수 없는 루비콘 강을 건너고 말았다. 언제 어떤 과정을 통해 늑대가 루비콘 강을 건너 인간의 영역 안으로 들어오게 되었는지에 대한 이론이 과학자들의 연구를 통해 상당한 수준에서 정리되어 있다. 이제 오래전에 개가 걸었던 생태학적 오디세이의 여정을 추적해 보기로 하자.

개와 가까운 친척 동물로는 늑대, 코요테, 자칼이 있다. 늑대는 아프리카를 제외한 세계 전역에 퍼져 살고 있는 중형 육식동물로서 지능지수가 높고 사회성이 뛰어난 무리 사냥꾼이다. 아시아와 북미 대륙 북쪽 지역에 널리 서식하던 회색늑대의 경우 과거에는 인간 이외에는 대적할 만한 상대가 없는 군거성 동물이었지만 최근에는 남획으로 거의 멸종 위기에 놓여 있다. 코요테는 북미 대륙에만 서식하는 갯과 동물로 늑대에 비해 체구가 작고 잡식성에 가까우며 주로 혼자서 작은 동물들을 사냥하며 살아가는 기민한 동물이다. 자칼은 아프리카와 남부아시아 일부 지역 즉, 열대와 아열대성 기후에 적응한 작은 체구의 군거성 갯과 동물이다.

개의 친척들(왼쪽 위부터 시계방향으로 코요테, 황금자칼, 회색늑대)

　　과거 일부 동물행동학자들이 늑대와 자칼의 교잡으로 인해 개가 생겨났다고 주장하기도 했지만 최근에는 아시아 늑대가 개의 직접적인 조상이며 자칼이 개 혈통형성에 전혀 개입되지 않았다는 것이 정설로 받아들여지고 있다. 개는 온전히 늑대로부터 유래되었다고 믿는 것이다. 흥미로운 사실은 이들 서식지가 상당히 다른 세 종류의 야생 갯과 동물과 인간에 의해 길들여진 개들 간에 번식 장벽이 없으며 현재에도 교잡에 의해 번식력 있는 잡종이 생산된다는 것이다. 같은 대형 고양잇과 동물인 호랑이와 사자 사이에서는 일대 잡종은 태어날 수 있지만 이들이 자라면 불임이 되어 이대 잡종은 생산하지 못하는 것과는 달리 늑대와 코요테, 자칼, 개에서는 서로 간에 자유로운 번식이 가능하다는 사실은 아직까지도 이들은 혈연적으로 매우 가까운 사이임을 보여 주고 있는 것이다.

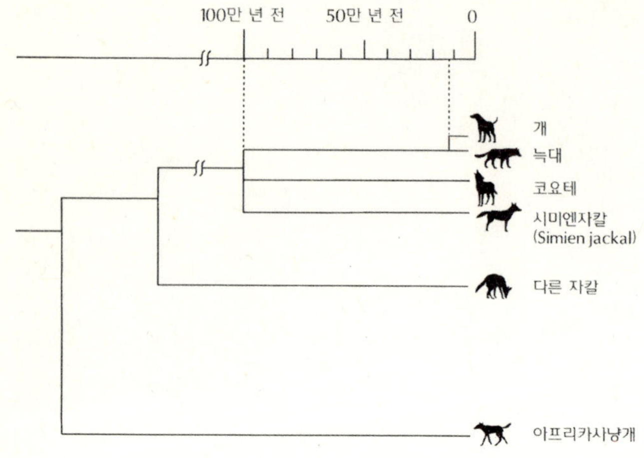

갯과 동물들의 유전자 염기서열 유사성

가축화의 시기와 과정

지금까지 고고학자들이 발굴한 가장 오래된 개 유골은 중동 지역의 팔레가우라 동굴에서 발견된 14,000년 전의 두개골 파편들이다. 늑대에 비해 두개골 용량이 상당히 줄어든 상태였으며 주둥이도 늑대에 비해 짧고 이빨들도 촘촘해서 당시에도 이미 어느 정도 형태의 변화가 일어났던 것으로 생각된다. 이후 12,000년 전의 인간 유적지에서도 다수의 개 유골들이 출토되고 있는데 이때에 이르러서는 이미 세계 전역에 개의 사육이 널리 행해졌다고 볼 수 있다. 따라서 고고학적 증거로 본다면 개의 최초 가축화 시기를 14,000년 전으로 잡을 수 있는 바 소나 염소의 가축화 연도에 비해서도 4,000년 정도 앞서고 있다. 인간에 의해 사육되고 있는 모든 동물 중에서 가장 먼저 가축화된 것이 바로 개이다.

최근 유전공학의 발달로 생물종의 진화적 혈연관계를 알아낼 수 있는 정교한 방법들이 개발되었는데 주로 일차 정보인 DNA 염기서열을 비교하는 것들이다. 개, 늑대, 코요테의 미토콘드리아 유전자 정보를 비교해 보면 서로 간에 상당한 차이를 볼 수 있는 바 개와 늑대는 1% 염기서열의 차이를 보이나 늑대와 코요테는 7.5%의 서열 차이를 보이고 있다. 늑대와 코요테가 약 일백만 년 전에 혈통이 분리된 것으로 추정되는데 개와 늑대의 분리 시기를 코요테로 미루어 단순 계산으로 추산해 보면(1,000,000년/7.5=13.5만 년) 약 135,000년이 된다.

이 유전학적 추산 값은 고고학적 추정치인 14,000년과는 상당한 불일치를 보이고 있지만 고고학적 연대 추정은 출토된 유물에 전적으로 의존해야만 하므로 오래된 유물이 발견되지 않았다는 개연성을 인정한다면 14,000년이라는 연도는 최소한의 시기라고 생각할 수 있을 것이다. 따라서 개의 가축화 시기는 그동안 생각했던 14,000년보다 훨씬 오래전인 135,000년까지로 거슬러 올라갈 수 있음을 인정해야 한다.

비교해 볼 유전자 정보가 부족했을 때의 학자들 견해에 의하면 최초의 개는 중동 지역의 중소형 늑대로부터 유래되었으며 개가 된 이후에도 늑대와 교잡하여 혈통의 섞임이 여러 번 일어나서 다양한 모습의 개가 생겨났거나, 여러 지역 늑대들이 각기 다른 장소에서 가축화 된 후 세계 곳곳에 퍼져 서식하면서 지역 늑대들과 교잡함으로 현재의 개 품종이 만들어졌다고 한다. 그러나 보다 많은 유전자 서열 정보를 수집하여 세심히 비교해 보니 최초의 개는 아시아 늑대로부터 유래되었지만 개가 된 이후에는 늑대와 거의 교잡이 일어나지 않은 채 여러 지역으로 퍼져 나가 다양한 모습의 개가 되었다는 사실을 알아내었다. 아시아 개들은 유럽 개들에 비해 혈통적 뿌리가 깊으며 보다 다양한 혈통 폭을 지니고 있었던 것이다. 현생 인류가 아프리카에서 유래된 것과는 달리 현존하는 개의 조상은 아시아에서 유래되었다는 설명은 분자유전학의 새로운 분석 기술들이 밝혀낸 흥미로운 사실이다.

개의 가축화 과정에 대한 견해 또한 상당한 수정이 불가피할 것 같다. 지금까지는 무리로부터 이탈된 늑대 새끼를 사람이 기르기 시작하면서 여러 세대에 걸쳐 모양과 성품의 변환이 서서히 일어났다고 생각해 왔다. 기르는 늑대 새끼 중에서 사람을 피하지 않고 특별한 친밀성을 보인다거나 늑대와는 다른 독특한 모양과 색깔을 가진 개체가 있을 때 이를 선호함으로 번식 시 선발과 도태 효과가 작동하여 마침내 오늘날의 개가 생겨났다고 보는 것이다. 어디까지나 인간선택에 의해 주도되어 현재의 개가 생겨났다고 하는 것이 지금까지의 생각이었다. 그러나 늑대로부터 분기된 연도가 예상과는 달리 10만 년이 넘는다는 사실과, 다른 여러 가축들의 비교행동학적 연구들을 통해 인간 주도의 길들임과 선택이 그렇게 단순하지만

은 않다는 견해가 설득력을 가지게 되었다.

　인간이 키우기 위해 늑대 강아지를 집에 데려 오기 전에 이미 인간의 울타리 안에 들어올 준비가 된 야생 개들이 주위에 있었다고 보는 것이 옳을 것 같다. 이 개의 조상들은 오래전 (135,000년 전)에 늑대와는 다른 생태계를 찾아서 다른 방식으로 살아가고 있었을 뿐만 아니라 더 이상 늑대와는 교배도 하지 않는, 마치 호주의 딩고나 아시아 야생 개 같은 존재였을 것이다. 새로운 생태계에 적응할 수 있는 유전적 변환이 이미 상당히 진행된 개의 조상들이 원시인들의 움막 주변에 서성거리고 있다가 우연히 또는 어떤 계기로 인해 인간의 생활 영역 안으로 들어오게 되면서 인간의 친구인 개가 된 것이다.

가축화에 의한 변화

　야생동물이 야생을 떠나서 인간에 의해 마련된 인위 생태계 속으로 들어오게 되면 몇 가지 공통적 변화들이 나타난다. 대부분의 가축종에서 볼 수 있는 특징으로는 몸 크기에 비해 뇌 용량이 줄어들고 감각 기관도 퇴화하게 된다. 더 큰 변화는 머리뼈와 골격에서 관찰되는데 단지 여러 세대의 육종에 의해서도 머리뼈의 안면부와 턱뼈의 길이가 짧아진다. 이러한 현상은 많은 종에서 공통적이지만 개에서 특히 두드러지는데 앞 어금니와 어금니 사이의 좁아진 간격으로 인해 조밀한 치열을 형성하게 된다. 이 특징이 바로 초기 집개와 늑대 뼈를 구별하

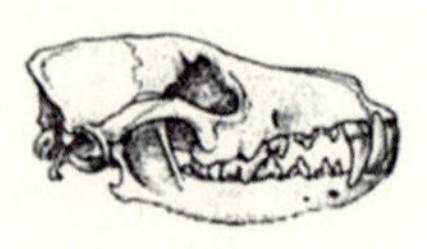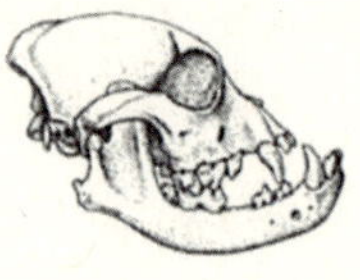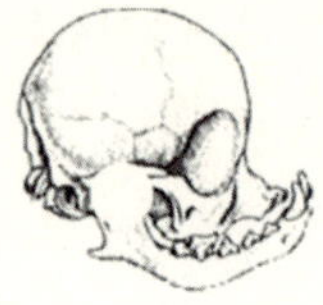

갯과의 두개골(왼쪽부터 늑대, 집개, 페키니스)

는 중요한 지표였다.

턱뼈와 안면부가 짧아지는 현상은 다 자란 동물이 유형(幼形)이나 태형(胎形)을 그대로 유지(neoteny 현상)하고 있다는 증거가 된다. 이러한 특징은 개에서 가장 쉽게 관찰되지만 돼지나 소에서도 종종 발견된다. 턱뼈 크기 단축에 의해 수반되는 이빨 크기의 감소 또한 거의 모든 개에서 관찰되는데 그레이덴의 경우 늑대보다 몸집은 더 크지만 이빨은 훨씬 작고 머리뼈의 형태도 늑대보다 단순하고 날카로운 각이 무뎌져 있다.

여러 종류의 가축에서 발견되는 이러한 유아기 성장 멈춤 현상은 돼지나 개처럼 서로 다른 포유동물에서 동일한 변화를 발생하게 한다. 피하지방의 축적, 말린 꼬리, 크고 처진 귀 등이 그러한 변화이다. 귀의 길이와 신체 다른 부분 사이의 불균형은 말을 제외한 거의 모든 가축종에서 나타나고 있으나 특히 개에서 발견되는 불균형은 어떤 다른 동물종보다도 더 크다. 극단적으로 긴 꼬리는 양에서 많이 발견되고 말린 꼬리, 처진 꼬리 등 개 꼬리의 모양 또한 품종에 따라서 다양하게 나타나며, 이러한 현상들은 고양이나 돼지에서도 때때로 관찰된다.

가축들의 모피 또한 무척 다양한 것은 사람들에 의한 품종

개량의 결과가 한 요인이기도 하지만 원산지의 기후 풍토와도 연관이 있다. 예를 들면 고산 지방이 원산인 개와 양은 빽빽한 형태의 이중모가 나지만, 더운 지방 유래의 품종이라면 털은 거의 나지 않았을 것이다. 따라서 개에서 볼 수 있는 다양한 모질의 차이, 밀생의 정도, 장단모의 구분 같은 것들은 초기 서식지 기후의 영향으로 결정된 것이라고 보면 크게 틀림이 없다. 그러나 개 털 색깔의 다양함은 선발에 의한 인위적 결과로 보는 것이 타당할 것이다.

성품 변화에도 유태보존(neoteny: 유아기 또는 태형 성장 멈춤 현상)이 두드러지는데 강아지 때 까불고 노는 습성이 어른 된 뒤에도 남는 것으로 덩치 큰 개의 품성이 어린 늑대 강아지와 비슷해 보이는 현상이다. 이러한 변화들에 병행하여 개 행동 양식에 나타난 전반적인 현상은 사람에 대해 겁이 없어지고 개와 사람 간에 쌍방향 의사소통이 좀 더 자유로워진 것을 들 수 있다. 생리적 현상에도 상당히 큰 변화가 나타났는데 연 1회의 번식 주기만을 가지는 늑대와는 달리, 계절에 상관없는 연 2회의 번식도 가능하게 것이다.

개의 다양한 용도 개발은 가축화에 따른 이러한 일련의 변화들로부터 유래하게 되는데 대단히 많고 다양한 용도의 개가 개발되어 있다. 현재 애견 단체에서 인정하는 개의 품종만도 300여 종에 이르는데, 모양과 용도 면에서 모두가 특징이 분명한 품종들이다. 사냥개 한 종류만 봐도 냄새로 추적하는 냄새 사냥개, 그레이하운드처럼 사냥감을 보면서 따라잡는 시각 사냥개, 풀숲에 숨은 새의 존재를 알아내어 몸동작으로 지시하는 포인터, 물에 떨어진 사냥감을 회수하는 수영 전문가 레트리버, 여우 굴속에 들어가서 사냥하는 여우 사냥의 명수 닥스훈트…… 사냥 방식과 사냥개의 특징만으로도 수없이 많은 이름들을 나열할 수 있을 것이다.

실로 인간이 개발한 개의 용도는 개 품종의 종류만큼이나 많은데 도대체 무엇이 개를 재료로 한 인간 창의성의 문을 열어 준 것일까? 소나 말 그리고 돼지로 대표되는 경제동물과는 달리 개가 인간의 벗인 반려동물이 되었을 때 애견 문화의 새로운 장이 열리게 된 것이며, 사람과 개 사이에 새롭게 개통된 쌍방향 의사소통의 자유로움에서 그 물음의 답을 찾을 수 있지 않을까.

개의 용도와 개의 종류

기원전 5000년을 전후한 개의 유골이 전 세계적으로 여기
저기서 발굴되고 있는데 사냥 방식의 변화, 농업 발달에 따른
정착민의 증가와 연관이 있어 보인다. 수렵·채집 방식의 삶이
기원전 7000~5000년경에 이르러 농업 위주의 방식으로 변모
하면서 개의 중요성이 점차 증가했기 때문이다. 개는 이때쯤
에 이르러 전 세계적으로 길러진 것 같으며 순전히 경험 지식
에 따라 여러 지역에서 다양한 개들이 선발 교잡되기 시작하
였다. 모양과 크기가 다양해졌으며 털 색깔도 늑대에게는 없
는 주둥이와 꼬리, 발목만 흰 누렁이가 길러지기 시작한 것 같
다. 호주의 딩고, 뉴기니 개, 아프리카의 바센지, 파라오개 등
의 고대 개들이 모두 이러한 색깔을 띠고 있는 것은 노란색을

그레이하운드를 닮은 개가 나오는 이집트 벽화

선호한 초기의 선발 효과 때문인 것으로 생각된다.

기원전 1000년경에 이르면 이집트 벽화나 바빌로니아 예술품에 현대의 마스티프나 그레이하운드 닮은 개가 등장하는데 이때쯤에는 이미 현대 개의 다양한 모습들이 거의 완성된 것으로 보인다. 기원후 1세기에 로마의 정치가이며 박물학자인 플리니우스는 개를 여섯 가지 종류로 구분했는데 집 지키는 개, 목양견, 조렵견, 군견, 후각 사냥개와 시각 사냥개로 나누었다. 로마 시대에 이미 개들을 이처럼 다양한 용도로 활용하고 있었다. 개의 개량과 품종 개발에 대해 남겨진 고대 기록들도 없으며 인류가 개발한 성공적인 기술로 간주하는 기술사가도 없지만 오늘날 우리가 아는 수백 종에 이르는 개들은 오랜 세월에 걸쳐 인간의 노력에 의해 만들어진 대단한 문명의 산물인 것이다.

비록 오래 전부터 개의 모습들이 현대 개들을 닮고 다양한 용도로 쓰였지만 개를 품종에 따라 구분한다든지 혈통의 순수성을 따져 순계 교배를 고집하는 일은 극히 최근에 와서야 생

겨난 새로운 전통이라 할 수 있다. 서양에서조차 불과 200~
300년 전까지만 해도 개를 단순히, 기능과 모양의 큰 특징에
따라 대충 구분해 왔다. 큰 개는 마스티프라 불렀고 땅 밑의
작은 동물들을 사냥하는 개는 모두 테리어였다. 여우 사냥개
는 폭스테리어이고 쉽도그, 포인터, 레트리버 같은 개들이 그
들의 기능에 따라 크게 세분되지 않고 길러졌다. 그러던 것이
약 130년 전에 영국에서 처음으로 도그쇼가 행해지기 시작하
면서 개의 혈통을 따진다든지 품종에 대한 생각들을 하게 된
것 같다. 영국 빅토리아 시대에 귀족 간 혈통의 순수성을 따지
는 사회적 분위기가 개에게로 옮겨 와서 개 혈통을 따지는 새
로운 애견 문화가 급속히 만들어지게 된 것이다.

말이나 소의 품평회가 자주 열리던 영국에서 애견가들이
모여 처음으로 도그쇼를 시작하면서 차츰 보이기 위한 개, 즉
모양이 좋은 개가 중시되는 시대가 오게 되었다. 이로 인해 개
의 모양을 규정하는 견종 표준이 생기게 되고 그 기준에 따라
순종과 잡종이 구별되고 잡종은 형편없는 개로 인식되어 도그
쇼에는 나올 수도 없는 천한 개로 전락하게 된 것이다. 순혈을
따지는 당시 유럽 사회의 전반적 분위기와 도그쇼의 새로운
문화가 만나서 과거 100년 동안 서양에서는 애견 문화의 새로
운 전통이 수립되었다고 보면 크게 틀림이 없다.

도그쇼를 기획 진행하는 애견 단체들이 이때를 전후해서
생겨나게 되었는데 영국 '켄넬클럽(Kennel Club)'이 1873년에
처음으로 런던에서 문을 열었다. 견종 표준을 정하고 혈통서

를 발행하는 일들을 시작한 이 단체는 개들의 복지에도 영향을 미치기 시작하였다. 개 훈련사들에 의해 행해지던 잔혹 훈련을 금지시켰으며, 1898년에는 개의 귀를 자르는 관행을 영국에서 항구적으로 금지시켰다. 뒤를 이어 미국 켄넬클럽이 1884년에, 이탈리아 켄넬클럽이 1898년에 각각 설립되면서 새로운 애견가들의 NGO들이 여러 나라에서 출현하게 되었다.

계열에 따른 개의 종류들

스피츠 계열

극동 지역에서 북극에 이르기까지 전 세계적으로 분포되어 있는 개 품종의 기본형 중 하나이다. 유럽 신석기 시대 유적지에서 출토되기도 한 개 유골들이 스피츠 계열을 닮은 것을 볼 때 이러한 견해는 타당성을 지니는 것 같다. 다른 개들에 비해 늑대의 기본 모습을 가장 많이 닮아 있으며 강한 체격 구성을 하고 있고 적응력이 뛰어나서 다양한 용도의 사역견으로 활용되어 왔다. 특히 성격이 강하고 독립적이어서 눈이 많은 지역

스피츠 계열의 엘크하운드(좌)와 시베리안 허스키(우)

의 썰매개로서 그 중요성을 인정받아 왔다. 스피츠 계열의 현대 품종으로는 사모예드, 엘크하운드, 차우차우, 시베리안 허스키 등이 있다.

마스티프 계열

3,000년 전 바빌로니아 부조에서 병사들과 함께 싸움터에 등장하는 사나운 개가 바로 마스티프 계열의 개로 생각된다. 고대 문명사회에서도 이미 용맹스럽고 고통에 대해 두려움

티베탄 마스티프

이 없는 대형 개들이 있었는데 투견이나 맹수 사냥개로서 그 진가를 인정받았다고 한다. 이 개들의 혈통이 로마를 거쳐 서구에 전해져서 여러 대형견 품종들의 형성에 중요한 역할을 했는데 그레이덴, 복서, 뉴펀들랜드, 세인트 버나드, 마스티프 같은 개들이 이 계열에 속하는 것으로 알려져 있다.

여러 종류의 사냥개

시각 사냥개

유럽인들이 아직도 돌도끼로 사냥을 하고 있을 때 고대 이집트인들과 수메르인들은 여러 종류의 사냥개들을 만들어 내었는데, 현대의 하운드 계통에 속하는 시각 사냥개들이 여기

에 속한다. 사지가 길고 날씬한 체형을 소유한 시각 사냥개들은 넓은 공간에서 사냥감을 보면서 달리는 단거리 선수들이다. 현대 품종으로는 사루키, 그레이 하운드, 보르조이, 아프칸 하운드가 이 계열의 개들인데 혈통 형성에 있어서 이들은 고대 품종들로부터 상당한 영향을 받은 것으로 생각된다.

냄새 사냥개

그리스 문명기 동안 그리스인들에 의해 냄새 사냥개들이 육종되어 그 혈통이 오늘날까지 이어져 오고 있는데 시각 사냥개들과는 그 성품이나 모양에 있어서 큰 차이가 난다. 냄새 사냥개들에게는 속도보다는 지구력이나 후각 능력이 더 중요한 요소가 되며 천천히 움직이면서 냄새를 따라 사냥감을 추적하는 것이 이 계열 개들의 특징이다. 폭스하운드, 바셋하운드, 비글, 오토하운드 등이 이 계열의 사냥개들이다.

땅속 사냥감을 상대하는 개

지상에서 활동하는 사냥개 외에 땅속 사냥감을 상대하는 개들도 있다. 테리어라는 말의 라틴어 어원이 흙인데, 땅속 동물을 사냥하는 모든 개들을 테리어라고 불렀다. 테리어 계통의 사냥개들은 거의가 영국 유래인데 주로 여우 굴속에서 여우를 잡거나 하는 독특한 용도의 사냥개들이다. 그 시대 스포츠로서 즐기던 전통에 따라 육종되어 전해진 개들인데 혈통적인 기원은 알려져 있지 않으며 거의가 최근 일이백 년 동안에

사냥용으로 쓰인 폭스하운드(좌)와 포인터(우)

만들어진 개 품종들이다. 크기가 비교적 큰 테리어로는 폭스 테리어, 에어데일 테리어, 베드링턴 테리어가 있는데 지상 동물 사냥용으로 활용되며, 작은 테리어인 맨체스터 테리어는 쥐 같은 작은 설치 동물 사냥에 쓰인다.

엽견

사냥총이 발명된 후에는 더 이상 냄새 사냥개나 테리어 같은 개들의 사냥 방식이 좋은 스포츠가 되지 않았다. 그래서 새로운 용도의 개들이 개발되었는데 사냥총 사냥에 도움이 되는 개들이 바로 오늘날 엽견으로 알려져 있는 포인터, 세터, 스파니엘 같은 개들이다. 포인터는 풀숲에 숨어있는 사냥감을 발견해서 날려주는 도우미견이다. 덤불 속의 꿩을 발견하면 숨어 있는 방향을 향해 코와 꼬리를 높이 치켜들고 주인에게 포인터 해 준다고 해서 붙여진 이름이다. 세터는 사냥감을 발견하면 포인터와는 다소 다르게, 소리 없이 몸을 웅크려서 주인에게 총 쏠 준비를 시켜주는 개이다. 스파니엘은 풀숲의 목표

물을 발견하면 엄청난 속도로 뛰어들어 사냥감을 날려 보냄으로 사냥을 돕는 개이다.

엽총의 사정거리가 점점 좋아져서 멀리 날아가는 물오리도 떨어뜨릴 정도가 되자 도움이 되는 개가 바로 레트리버종이다. 강에 뛰어들어 물오리를 물어다 주는 개가 레트리버이기 때문이다. 미국과 영국에서는 사냥감을 날려 보내는 개와 물어다 주는 개를 각각 데리고 다니면서 사냥하는데 비해 유럽 사냥꾼들은 한 마리로서 두 가지 기능을 모두 할 수 있는 사냥개를 선호한다. 이 때문에 개발된 개가 와이마라나 또는 먼스터랜더 같은 견종들이다. 지역과 시대에 따른 인기 스포츠가 무엇인지에 따라 적절한 개의 품종들이 개발되어 활용된 예를 유럽 사냥개들을 살펴봄으로 알 수 있다.

목양견

소나 양이 가축이 되어 길러지면서부터 개는 목축업에서 없어서는 안 되는 소중한 조력자가 되었다. 기민하게 양 떼를 몰아 주는 일에서부터 사나운 야생동물들의 위협으로부터 가축들을 지켜주는 일에 이르기까지 개가 담당해야 할 일들이 많았기 때문이다. 지형과 지역의 기후 조건, 기르는 가축의 종류에 따라 다양한 목양견들이 출현하게 되었는데 프랑스의 브리야드, 헝거리안 풀리, 벨기에의 셰퍼드독 등이 대표적 우수 목양견종들이다.

　양치기 일은 사회와 격리되어 깊은 산중에서 행해지는 특수 임무인 경우가 많은 관계로 지역에 따라 크기나 모양, 양치기 능력에 있어서 다양한 개 종류들이 만들어져 왔다. 작은 목양견

목양견 보드콜리

으로는 쉐트랜드 쉽도그가 있는가 하면 중량감 있는 영국의 올드 잉글리시 쉽도그 같은 중대형 목양견도 있다. 보드콜리 같은 개는 대단히 영리하며 목양견으로서의 선천적 본능이 있는 뛰어난 품종이다. 보드콜리에 대해 특히 놀라운 일은 동물 행동학자들에 의해 조사된 최근의 연구 결과에 의하면 이 개들이 사람의 단어 200개 이상의 의미를 정확하게 파악하고 있다는 것이 밝혀지기도 했다.

　모든 개들 중에서 어쩌면 목양견들이 가장 영리한 개들일 것이라는 추측을 하는데 그들의 지능지수가 어느 정도인지 어쩌면 우리가 상상할 수 없는 정도로 높을 수도 있다는 가정도 해 볼 수 있을 것 같다. 늑대는 사냥감을 끝까지 추적하여 잔인하게 죽이는 것이 그들의 본능인데 반해 목양견들은 추적하고 몰아서 지켜 줄 뿐 결코 물거나 죽이는 일이 없다. 상당한 자제력이 있고 타 동물들의 움직임을 읽을 줄 아는 고도의 정신 능력을 가진 동물만이 할 수 있는 일을 이들 목양견들은 해 내고 있기 때문이다.

어떤 목양견들은 보다 단순한 일을 하기도 하는데, 양 떼 무리 한가운데 앉아서 외적의 침입에 대해 불침번을 서는 종류도 있다. 늑대나 곰 때로는 도둑들을 물리치는 일을 하는데 이런 용도의 개들은 체격이 크고 용감하며 경계심이 강한 개들로 우수한 경비견의 자질을 갖추고 있다. 대표적인 품종으로 헝가리의 코몬돌을 들 수 있는데, 어깨 기준으로 키가 80cm가 넘으며 체중은 50kg 이상 나가는 대형견이다. 온몸을 덮고 있는 길고 억센 털은 겨울에는 좋은 방한복이 되고 여름에는 뛰어난 방서복이 되어 거친 산악 지대에서도 잘 적응하게 하며, 다른 동물들과 싸울 때는 좀처럼 상처 받지 않게 하는 갑옷으로서의 역할도 한다. 용맹스런 코몬돌은 북부 중앙 유럽의 산악 지대에서 만들어진 대단한 목양견이다.

작고 다리가 짧으며 대단히 정력적인 목양견으로 코기(corgis)라는 개가 있다. 시끄럽고 활동적인 이 개는 가축의 굽을 물면서 소나 말을 모는 특이한 목양견 중 하나이다. 코기는 약 1,000년 전부터 활동했다는 기록이 있으며 비슷하게 특이한 목양견으로 오스트레일리아의 켈피(kelpie)를 들 수 있다. 오스트레일리아 산악 지대의 건조함과 무더위에 아랑곳없이 엄청난 에너지로 일을 하는 켈피는 꽉 짜인 소나 양 무리의 등을 타고 뛰어다니는 그 지역 목축 환경에 적합한 특이한 목양견 중 하나이다.

이들 목양견들은 아직도 원산지에서 원래의 용도로 쓰이기도 하지만 어떤 개들은 애완견으로 또는 사역견으로 육종되어

현대 품종으로 거듭난 경우도 많이 있다. 독일 셰퍼드독은 독
일 칼스루에 지방의 목양견이었지만 지난 100년간의 육종 기
간을 거치면서 만능견으로 변모했으며 이제는 전 세계인의 사
랑을 받는 세계적인 개가 되었다.

애완견(Toy dogs)

　동서양을 막론하고 애완용 개를 기른 역사는 대단히 오래
되었다. 중국 지배층에 의해 애완용으로 길러졌다는 작고 털
이 긴 개들은 중국의 최초 고대국가의 등장과 함께 했다고 볼
수 있다. 당나라 현종에 의해 사랑받았다는 황금사자개 페키
니스, 시츄 같은 개들이 대표적 중국 애완견들인데 티베트 고
대국가로부터 조공으로 받아 중국화된 개들로 인식되고 있다.
소형 장모종인 이들 애완견들은 주변 여러 나라의 지배층으로
확산되어 길러졌는데 일본에서 보존된 찐이란 개가 대표적 중
국 유래 애완견이다. 우리나라의 경우에는 옛 그림에 자주 등
장하는 소형 개들이 있는데, 오원 장승업이 잘 그렸던 페키니
스 닮은 개들이 이들 유에 속하는 것으로 생각된다. 그러나 하
나의 독립된 품종으로 남지는 못하고 해방 후 서양 문물의 도
입과 더불어 혈통이 뒤섞이게 되면서 멸종되어 버린 것으로
생각된다.

　중국에는 이외에도 단모 애완견인 퍼그, 머리에만 털이 있
고 온몸은 무모종인 차이니스 크레스티드 독 같은 희귀 견종

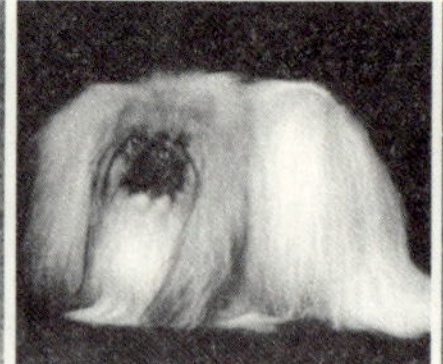

아시아의 애완견(왼쪽부터 시츄, 페키니스, 일본 찐)

들이 아직도 남아 있다.

유럽 애완견의 역사도 중국 못지않게 오래되었음은 말티즈를 보면 알 수 있다. 기원전 1500년경에 페니키아 상인들에 의해 근동 아시아인 미노르 지역으로부터 지중해 지역인 말타로 전해졌다는 말티즈는 로마와 그리스인들에 의해 널리 사랑받으면서 길러졌는데 로마의 예술품이나 민속품 중에 말티즈를 닮은 개들의 모습이 자주 등장하고 있다. 긴 항해를 하는 선원들 간에 인기 애완견으로 길러지다가 영국의 엘리자베스 1세 치하에는 궁중의 귀부인들에게 크게 사랑받던 견종이 되었다. 작지만 지능지수가 높고 매력적 성격의 견종으로 지금까지 애견인들 간에 큰 인기를 누리고 있다.

영국 빅토리아 여왕 재위 기간 중에 큰 인기리에 길러지던 소형 애완견 포메라니안은 원래는 중대형견인 사모예드, 노르웨이 엘크하운드에서 유래되었다. 소형 애완견을 선호하던 18세기 영국 사회에서 소형화 육종이 이루어졌고 형태고정은 미국에서 완성된 개다. 작지만 영리하고 친화성이 있으며 어떤 환경에도 잘 적응하는 포메라니안은 용감한 번견의 역할도 할 수 있어 현대인들이 선호하는 인기 있는 견종 중 하나이다. 이 외에도 다양한 서양의 애완견들이 많은데 주로 영국에서 지난 100여 년 동안 육종된 요크셔테리어, 킹 찰스 스패니얼 같은 개들이 있는가 하면 18~19세기 프랑스의 귀족층에서 선호하던 파피용 같은 프랑스 애완견도 있다.

새로운 용도의 발견 - 쇼 도그, 반려견, 애견 문화

개는 인류의 오랜 기간 동안 인간과 가까이 지내면서 참으로 다양한 기여를 해 왔다. 유목민들에게는 유능한 양몰이꾼으로서 또는 늑대나 곰 같은 대형 육식 포유동물들의 위협으로부터 양과 사람을 지켜 주는 보호자로서 역할을 해 왔으며, 사람들이 정주하여 도시 문명을 이룬 뒤에는 도둑을 지키는 번견으로 그 유용성을 널리 입증했다. 어느 문명, 어느 민족을 망라해 보아도 지구상에서 개를 기르지 않는 종족이 없는 것만 봐도 그동안 개가 얼마나 소중한 인간의 반려동물이었는가를 여실히 증명하고 있다.

20세기에 들어오면서 개의 용도에 여러 가지 중대한 변화가 생기게 되었다. 전자산업이 발달하면서 집 지키는 일을 개가 아닌 전자 경보기와 폐쇄회로 카메라가 대신 한다든지, 군견의 역할을 점점 발달하고 있는 전쟁 로봇이 대신 맡는 시대가 눈앞에 다가오고 있다. 사역견의 용도 폐기 또한 눈앞에 와 있다고나 할까, 개의 근골 구조와 보행각도를 따지고 움직임의 효율성이 중요한 심사 기준이 되는 기존의 대표적 사역견인 셰퍼드독 전람회 문화가 언제까지 성행할지는 아무도 모르는 일이다. 뿐만 아니라 18~19세기에 한창 유행하던 유럽 상류층의 사냥 취미도 점점 시들해지면서 세심하게 개발해 놓았던 다양한 종류의 사냥개들도 용도 변환이 부득불 이루어지고 있는 것이 시대적 흐름이다.

그러나 21세기에 들어서면서 개의 새로운 용도들이 개발되어 활용되고 있을 뿐만 아니라 개를 대하는 사고방식에도 상당한 변화가 있는 것 같다. 두 가지를 언급해 볼 수 있는데 첫째는 아직은 기계가 대신할 수 없는 개만의 특별한 감각 능력을 활용하는 것으로, 맹인안내나 마약탐지 때로는 인명구조에 개가 활용된다는 것이다. 맹인안내의 경우 맹인의 눈 역할을 개가 대신 해주는 것이므로 맹인안내견 학교에서 상당히 전문적인 훈련 과정을 거친 개만이 실제 거리에서 맹인을 안내할 수 있다. 우리나라에는 삼성 에버랜드에서 운영하는 맹인안내견 학교가 있는데 선진국의 맹인안내견 학교로부터 전문 과정과 운영상의 노하우를 습득한 전문가들이 있다.

마약탐지나 폭발물 탐지에 개가 활용되는 것은 아직까지 개의 후각 능력에 필적할 만한 능력을 갖춘 로봇이 발명되지 못한 것이 그 이유이다. 우리나라의 경우 경찰청에서 운영하는 폭발물 탐지와 마약탐지견 학교가 있으며 민간 차원에서는 삼성 에버랜드에서 마약탐지견을 양성해서 지원해 주고 있다. 인명구조견은 개의 후각과 청각 능력에 의지하여 무너진 건물 잔해 아래 묻혀 있는 사람을 찾는데, 기대할 만한 성과를 거두고 있다.

맹인안내견의 경우 주로 레트리버 계통의 개들이 활용되는데 사람에 대한 경계심이 적고 온순하며 기타 성품적 특징이 이 일에 적합한 것으로 알려져 있기 때문이다.

청도견이라는 개도 있는데 청각장애인의 일상생활을 도와주는 개이다. 훈련만 잘 시키면 초인종이 울리는 소리를 듣고 알려 준다든지 어린애가 요람에서 배고파 울고 있을 때 뛰어가서 알려 주는 역할쯤은 잘 수행해 낼 것이다. 소형이면서 기민한 개면 품종에 상관없이 활용 가능할 것이다.

두 번째는 치료 도우미로 활용하는 것이다. 최근 들어서 치료 도우미견이란 용어가 심심치 않게 언론상에 등장하는 것을 볼 수 있다. 개를 통해 치료 효과의 증진을 꾀하는 것으로 주로 자폐증 치료, 정신병 회복의 보조 수단 등에 활용하는 것이 목적인데 선진 여러 나라에서는 활발한 연구가 이루어지고 있다. 애완동물을 기르는 사람과 그렇지 않은 사람을 비교했을 때 여러 가지 병에 걸리는 빈도는 상당한 차이가 있다. 애완동물을 기를 경우 기르지 않는 사람에 비해 스트레스에 대한 저항성도 훨씬 크며 보다 건강한 삶을 사는 것으로 밝혀지고 있다. 이러한 애완동물 효과를 보다 적극적이면서 조직적으로 치료에 활용하는 것이 치료 도우미견 활동이다.

국내에서는 한국 삽살개 보존회에서 지난 10년간 가장 체계적이며 지속적으로 치료 도우미견 활동을 해 오고 있다. 동물 매개 치료견 프로그램의 대표적인 효과는 대인 관계를 기피하는 사람들에게 심리적 부담을 감소시켜 주며, 조건 없고 지속적인 사랑을 줄 수 있는 개와의 만남을 통해 사회적 교류의 장을 열어 준다는 것이다. 외국에서 이미 진행되고 있는 이러한 활동들이 이제 국내에서는 삽살개를 통하여 활성화되고 있다.

지난 1999년 국립민속박물관에서의 어린이날 행사를 통해 삽살개의 치료견으로서의 가능성을 발견한 이후 개 훈련사와 자원봉사단으로 구성된 치료견팀이 구성되어 자폐 아동과 성인 정신분열증 환자들을 대상으로 하는 프로그램을 진행하고 있다. 삽살개는 순하고 푸근한 모습으로 인해 대상자들에게 쉽게 다가갈 수 있으며, 중형견이 줄 수 있는 무게감 때문에 치료견으로서의 가치가 대단히 크다는 것이 확인되었다. 뿐만 아니라 어떤 품종보다 한국인의 정서에 맞으며, 한 걸음 더 나아가 전문 개 훈련사 없이도 치료견 효과를 볼 수 있어 특수 교사나 일반인에 의한 프로그램 진행도 가능하다.

특히 삽살개는 체구가 크고 인상 좋은 마스크를 하고 있어 삽살개와 친근해진 회복기 환우들에게는 마치 사람을 대하는 것 같은 느낌을 갖게 해서 인격적인 교감까지 끌어내는 효과가 있는 것 같다.

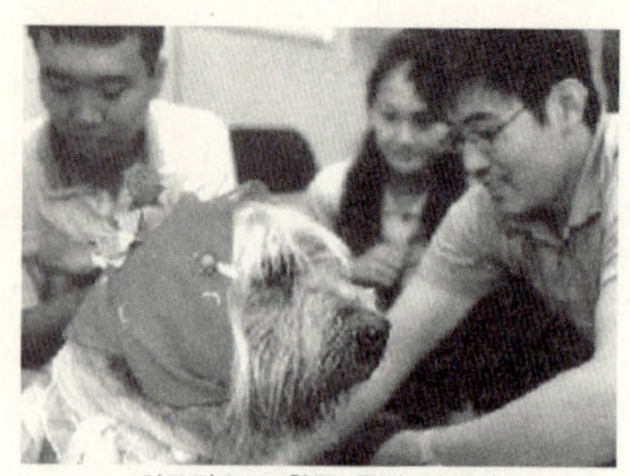
치료견으로 활동 중인 삽살개

형제와 일가친척이 점점 줄어드는 외로운 시대를 살아가야할 앞으로의 세대에게는 치료 도우미견이라는 용어가 점점 더 친숙한 용어가 되어 언젠가는 일상적인 일이 되어 버릴지도 모른다. 이처럼 과거에 애완동물로서 개를 보던 시각이 변해 차츰 반려동물로서 개를 대하는 사람들이 많아지고 있다. 마침내는 우리 사회의 텅 빈 공간 하나를 메워 주는 중요한 역할을 개가 감당하는 시대가 올 수도 있을 것이다.

개의 용도는 시대에 따라 다양하게 변해 왔는데 과거 문명의 여명기에 등장하는 전쟁용 개로부터 로마 그리스 시대의 애완용 개, 중세 귀족 중심 사회에서 발달한 다양한 사냥 보조용 개들 그리고 스포츠와 여가 선용을 위한 개, 마침내는 100여 년 전 영국에서 시작된 도그쇼로부터 등장한 보여 주기 위한 쇼 도그(show dog)에까지 이른다. 이때부터 순수혈통을 강조하고 뒷다리의 비절각도를 중시할 뿐만 아니라 코와 눈의 검정 색소의 농담을 따져 우수견과 실격견을 구분해 내는 100년간의 애견 문화가 유럽으로부터 퍼져 나가 전 세계 개를 기르는 사람들의 사고방식을 점령해 버리는 일이 일어났다. 순혈주의를 따지고 귀족 전통을 좋아하던 100년 된 사고방식의 일차적인 피해자는 혈통 좋은 순종개들인데 실제로 서양 사람들에 의해 혈통고정된 거의 모든 개 품종들의 심각한 유전병들이 문제가 되고 있다.

보여 주기용 개를 중시하는 20세기를 뒤로하고 바야흐로 새롭고 건전한 반려견의 애견 문화가 확산되는 21세기에 우리는 와 있다. 어떠한 애견 문화가 사람과 개에게 두루 좋을 것인가 하는 질문을 던져 볼 수 있다. 최근 빠르게 진전되고 있는 개 염색체 전체에 대한 유전 정보 해독과 연구는 순종개들의 유전병 문제 해결의 실마리를 제공해 줄 것이다. DNA 테스트를 통해 번식에 불리한 개들을 선별하는 기술이 발달해서 순혈은 유지하되 문제점만 해결하는 일이 차츰 현실이 되고 있기 때문이다. 어쩌면 모든 면에서 더 건강하고 더 영리한 잡종이 정당한 가치 평가를 받아서 더욱 선호 받는 새로운 애견 문화의 시대가 열릴 수도 있을 것이다. 건강해서 주인에게 부담은 적게 주고 더 많은 기쁨을 줄 수 있다면 그 개가 좋은 개이며 좋은 반려견이 될 소지가 충분하다.

개의 의사소통 방식과 인간의 영향

인간의 생각을 가장 잘 읽는 동물 – 개

지상에 사는 여러 생물 중에서 개만이 정서적, 의식적으로 인간과 교감할 수 있기 때문에 개는 우리에게 대단히 특별한 동물이다. 인간의 친구가 될 수 있는, 오직 개만이 가진 이 독특한 능력은 과연 어디에서 유래한 것일까? 오래전 가축화된 이래 인간과 생활을 같이 함으로 얻게 된 획득 능력인지 아니면 사회적 위계질서에 익숙한 늑대의 본능이 개에 유전되어 지금까지 내려온 것인지 명확히 알 수는 없지만, 아무튼 개는 인간의 눈에 시선을 고정시킨 후 의식 깊숙한 곳을 들여다 볼 줄 아는 유일한 동물임에 틀림이 없다.

　최근 인간의 의식을 파악하는 동물들의 능력에 대한 흥미 있는 연구가 보고되었다. 늑대, 개, 침팬지를 대상으로 음식물을 숨겨 놓고 눈짓, 손짓, 살짝 건드리기 등의 힌트만 주었을 때 개가 단연 모든 경우의 힌트에 대해서 가장 높은 인식도를 보였다. 높은 지능과 정교한 사회적 의사 전달 능력이 있는 영장류인 침팬지보다도 개의 눈치가 더 빠르다는 것은 대단히 흥미로운 일이다.

　같은 갯과 동물인 늑대와 비교해 봐도 상당한 차이가 있었는데, 개의 탁월한 눈치 감각이 타고난 것인지 혹은 자라면서 얻게 된 것인지를 구별해 보기 위해 어린 새끼들의 눈치 능력도 비교해 보았다. 늑대 새끼들보다 강아지들이 역시 인식 능력에 있어서 우수함이 확인됨으로 개의 이러한 눈치 능력은 선천적인 것으로 확인되었다. 아마도 가축화의 긴 여정을 통해 인간 의식을 더 잘 읽을 수 있는 개체들이 선발되었으며, 이러한 능력의 탁월함이 개들의 유전자 가운데 농축되어 남았기 때문일 것이다.

개의 의사소통 방식

　개들은 행동의 여러 가지 구성 요소인 소리, 몸짓, 표정, 후각 등을 적절히 활용하여 의사소통을 한다. 여러 의사소통 수단 중에서 개에게 있어서는 냄새 맡기가 가장 중요한 것으로 알려져 있는데, 인간과 다른 부분이 바로 개의 이 대단한 후각 능력이다. 사람의 경우도 같은 사무실에 근무하는 여성들의 월경 주기 동기화 현상이 페로몬 작용 때문이며 남녀 간의 민감한 이끌림 배후에는 일정 부분 의식하지 못하는 냄새의 화학작용이 있다는 학설이 있긴 하지만 후각이 인간 의사소통의 일반적인 방법으로 쓰인 예는 거의 없다.

개의 후각 활용

낯선 개들이 야외에서 만나면 일차적인 원거리 탐색을 하게 된다. 서로 눈치를 보다가 일단 가까이 다가서면 상대방 항문에 코를 대고 냄새를 맡게 되는데 사람의 악수와 같은 행위로 보는 것이 타당하다. 사람의 경우 손가락의 굵기나 결혼반지의 유무, 손아귀 힘의 강도로 성격과 기혼 여부를 말없이 알아채듯이, 개들 간에도 항문의 냄새 맡기로 상대의 건강상태, 정서적 안정도, 성적인 성숙도 같은 정보를 단번에 읽을 수 있다. 항문 탐색이 끝나면 몸의 다른 부위 냄새 맡기로 넘어가는데 타액, 대소변, 생식기, 꼬리에서도 페로몬 분비가 이루어지기 때문이다.

특히 소변은 또 다른 페로몬의 원천으로 많은 정보를 가지고 있는데 암컷의 경우 번식 생리 상태, 유전적 근연도, 수컷의 경우에는 조직 내의 서열, 힘, 번식력, 나이 등을 알 수 있다고 한다. 수캐들은 영역 표시를 위해 주변에 자기 냄새를 소변으로 흩뿌리는데 몰두하며, 암캐들이 발정기에 이르러 소변을 자주 보며 수컷을 유인하는 행동을 하는 것은 비록 무의식

적이지만 후각이 개의 가장 중요한 의사소통 수단임을 단적으로 보여 주는 것이다. 우리는 종종 눈 먼 개들이 자신의 개체 정보를 잘 표시하며, 사람과 다른 개들을 냄새로 알아보고 서로 간에 영역을 지키며 번식도 아무런 어려움 없이 수행하는 경우를 보게 되는데 이로서도 후각이 개에게 있어서 얼마나 중요한 의사소통 수단인지를 알 수 있다.

소리

사람의 경우에도 엄마가 되면 아기의 우는 소리가 배고픔 때문인지 아니면 몸이 불편해서 내는 소리인지 금방 구분할 줄 안다. 한꺼번에 여러 마리 새끼를 낳는 개는 강아지들의 울음소리로 개별 강아지들의 상태를 구분할 수 있다고 한다. 젖 달라고 낑낑거리는 소리가 어미의 유선을 자극하여 호르몬 분비를 촉진하고 젖을 생산토록 한다고도 알려져 있다. 비록 개에게는 소리 매체가 냄새 매체에 비해 훨씬 약한 의사 전달 수단이긴 하지만 인간에 의해 일정 부분 변형되기도 해서 애견가의 입장에서 볼 때 상당히 흥미로운 면이 있기도 하다.

개 소리를, 컹컹 짖는 소리(bark), 늑대의 긴 울음소리(howl), 날카롭게 짖는 소리(yelp), 좋아서 낑낑거리는 소리(moan), 구슬프게 끙끙대는 소리(whine)로 구분할 수 있다. 아프리카 피그미 족이 사냥개로 데리고 다녔다는 짖지 않는 개 바센지의 경우만 제외하고는 거의 모든 개들은 늑대에 비해 대단히 시끄럽고 소란스럽다. 아마 가축화 과정 중에 첫 번째 선발 요인이 짖는(bark) 소리였던 것이 그 이유일 것이다. 집 잘 지키는 개를 선호했기 때문에 소리 내어 잘 짖는 개가 선택되었으며 인간에 대해 다양한 의사 표시를 할 수 있는 잘 짖는 개가 만들어지게 된 것이다. 비교적 단순한 것처럼 들리는 짖는 소리도 개의 정서에 따라 여러 가지로 구분할 수 있는데 가까이 오면 안 된다는 경고성 외침, 영토 주장, 이리 오라는 요청, 집에 들여보내 달라는 부탁, 문밖에 이상한 개가 있다는 호기심성 외침 등 음색과 음정의 높낮이에 따라 다양하게 표현된다.

긴 울음소리(howl)는 늑대가 넓은 영토에서 사냥하며 야생의 삶을 살아가는 데 필요한 원거리 통신 수단이다. 늑대 연구에 의하면 여러 경우에 발하는 howl의 음조가 지문처럼 모두 다르다는 것이 밝혀져 있는데 외로움의 표시, 사냥을 위해 무리를 모을 때, 다른 무리에 대한 경고, 과업을 끝낸 뒤 축하성 울음 등 정보 내용과 관계가 있을 것이다. 따라서 howl은 늑대 같은 무리 사냥꾼들의 동조성 작업을 위한 원거리 의사 전달 수단인 것이다. 개 품종 중에는, 허스키, 말라뮤트, 하운드, 도베르만 등에 howl의 일부 성향이 남아 있긴 하지만 대부분의 개에서는 가축화 과정 중에서 사라진 것으로 생각된다.

인간에 의해 길러지면서 생겨난 흥미로운 개 소리로는 moan을 들 수 있다. 강아지 때의 낑낑거림이 다 자란 뒤에도 남아 있는 경우인데, 특정 품종에서 흔한 경우가 많다. 개끼리는 낑낑거리지 않고 오직 사람에 대해서만 낑낑거리는데 애정이나 음식을 바라고 하는 행위로 판단된다. 오랜 가축화의 과정 중에, 학습과 성향의 유전이 동시에 작용하여 생겨난 새로운 의사 전달 수단이다.

몸짓과 표정

개는 얼굴 표정, 털, 꼬리, 몸의 자세 변화로 기분과 정서 상태의 변화를 상대에게 전달한다. 공포감이 공격적 마음으로 변하거나, 공격적 심상에서 복종으로 변할 때 마음의 상태 변화가 몸자세와 얼굴 표정 변화를 수반하게 되는데 정형화된 양식을 따른다. 사람을 포함한 영장류와 갯과에서 희로애락에 대한 얼굴 표정 변화 양상이 비슷하게 진화된 관계로 개의 감정 표시는 대부분의 경우 사람이 알아챌 수 있다.

그러나 특이하게도 감지가 어려운 경우도 종종 있다. 공격적 표정 변화 없이 바로 공격하는 개들이 있다. 품종 전체가 이러한 성품을 공유하는 경우가 있는데 독일의 경비견 로트바일러를 들 수 있다. 만족 상태에서 공격적 심리 상태로 감정이 움직이면서도 외부적 표시가 거의 없이 이행되므로 로트바일러는 무표정, 무몸짓의 개라 할 수 있다.

개가 사람을 볼 때 처음에는 눈을 똑바로 쳐다보는데 눈을 미주볼 수 있다는 것은 권위를 가진 교감 상태를 유지할 수 있다는 것이다. 개들 간에 윗서열의 개는 아랫서열 개의 눈을 응시하나 아랫서열의 개는 눈을 피하게 되고 목을 아래로 늘어뜨리면서 굴종의 자세를 취하거나 장난스런 몸짓으로 눈을 피한다. 집에서 기르는 개들의 경우 위계질서에서 사람을 자기들 위에 두는 것 같다. 한 집안 식구라도 등급을 정해 놓고 외교적으로 사람을 대하는데, 집안의 가장과 꼬마들을 구별할 줄 할고 손님의 경우라도 사회적인 신분 관계에 따라 경계해야 할 사람과 만만하게 대해 마구 짖어도 되는 사람, 반겨야 하는 사람을 기가 막히게 구별할 줄 안다. 사회적 동물인 늑대의 혈통을 고스란히 이어받은 개의 본능 속에는 위계질서에 대한 천부적인 감이 발달해 있는 듯하다.

사람과의 관계에서 처음에는 주인과 눈을 맞추어 응시하다가 사람의 표정 변화에 따라 개가 굴종의 자세를 취하거나, 장난스런 표정으로 변하면서 눈길을 피해 놀거나 한다. 셰퍼드같이 훈련 받은 사역견은 명령을 기다리는 자세로 변하는데, 마치 신분이 낮은 늑대가 사냥 때에 자신의 위치를 지정해 줄 것을 기다리면서 우두머리를 응시하듯이 주인의 명령을 기다리는 것이다.

개의 유전과 육종

　지구상에 수많은 동식물이 있지만 사람의 말을 알아듣고 기꺼이 복종하며 친근감을 표시할 줄 아는 생물은 개 이외에는 찾기가 쉽지 않다. 그래서 우리 주위에는 애견가들이 유독 많으며, 그들에게 있어서 개는 결코 변치 않는 가장 믿을 만한 친구인 것이다. 개를 기르는 사람들 중에는 자신이 기르는 개에 대해 알고 싶은 것들이 무척 많은데 그중 몇 가지 흔한 질문들을 나열해 보면 다음과 같을 것이다.

　개의 선조가 늑대라는데 사실인가? 개의 성품이나 훈련 소질같이 눈에 보이지 않는 능력도 자손에게 유전되는가, 된다면 어떻게 유전되는가? 멘델의 법칙 즉, 열성이나 우성 같은 방식으로 유전되는 것인가 아니면 알 수 없는 법칙에 따라 경향성만 보이는 것인가? 잘 생기고 골격 구조가 뛰어난 세퍼드 챔피언이 있는데 자식에게 그 우수성이 어느 정도 가능성으로 다시 나타날 것인가? 개의 털 색깔은 왜 그토록 다양한가? 어떻게 해서 흰 개와 검은 개를 교배시켰는데 누렁이가 태어나는가? 개의 품종이란 무엇이며 진돗개 순종의 기준은 무엇인가? 혈통과 순종을 확인 할 수 있는 믿을 만한 방법은 있는가? 이외에도 애견가라면 알고 싶은 수많은 질문들이 있을 것이다.

이제 유전학은 애견가들이 알고 싶어 하는 대부분의 질문들에 대해 시원한 답을 해 줄 수 있을 만큼 발전했다. 어떤 질문에 대해서는 전달유전학이, 또 어떤 질문에 대해서는 집단유전학이 또 어떤 질문에 대해서는 수량유전학이 그 답을 제시해 줄 수 있을 것이다. 유전학에서 파생되어 나온 분자유전학은 '순종이란 무엇이며 어떻게 개로부터 늑대를 구분 지을 수 있을 것인지?'라는 질문에 대해 적절한 해답을 찾아줄 수도 있을 것이다. 지난 30년간 생물의 내밀한 비밀 기록인 유전자 정보를 읽을 수 있는 새로운 기술들이 엄청난 속도로 발달했으며 상당한 수준의 정확도를 가지고 개체 생물의 본질을 비교할 수도 있게 되었다.

유전학은 130여 년 전 서양의 수도승인 멘델에 의해 시작되었다고 해도 과언이 아니다. 멘델은 완두콩을 수도원 마당에서 키우면서 몇 가지 특성들이 어떤 방식으로 후손에게 전달되는지를 관찰하여 당시로서는 독특한 방식으로 이론을 정립했다. 당대에는 전혀 인정을 받지 못하고 묻혀 버린 연구 결과였지만 30여 년 후 갑자기 세상에 소개되면서 생물학의 흐름을 바꾸는 일이 일어났다.

그 후 20세기 100년 동안 수많은 사람들에 의해 연구되고 정리된 유전학이란 학문 분야는 이제 대단한 기술력으로 산업으로까지 발전해서 인류의 미래를 바꿀 정도로까지 그 영향력이 커졌다. 초파리와 곰팡이를 사용하여 연구하던 고전유전학에서 모든 생물의 유전자를 재단할 수 있는 유전공학의 새로운 기술이 탄생할 줄은 초기 유전학의 개척자들은 상상도 할 수 없었을 것이다.

개에 대해 알고 싶었던 여러 가지 의문들을 풀기 위해 유전학 이야기들을 풀어나가는 것이 이번 장의 목적이다. 개를 통해 유전학을 알아가며 또 유전학을 더 잘 이해하도록 개를 통해 설명해 보는 것도 재미있을 것이다. 아울러 애견가들이 개를 좀 더 깊이 있게 이해하는 데 도움이 되었으면 한다.

멘델 유전학 – 털 색깔 유전자

유전학이 멘델로부터 시작되었다고 하지만 정작 멘델 유전학으로 설명할 수 있는 유전 현상은 그리 많지 않다. 사람의 경우 혈액형의 전달 방식 이외에는 멘델의 법칙으로 깔끔하게 설명되는 유전 현상이 거의 없기 때문이다. 분명 피부색이라든지 얼굴 모습, 키, 지적 능력, 성품…… 많은 인간의 특징들이 부모를 닮긴 하지만 멘델이 제시한 법칙에 따라 예측할 수 있는 것이 아니란 것을 우리는 경험을 통해 잘 알고 있다.

멘델 유전학은 생물체의 특별한 특징이 특별히 전달되는, 달리 말하면 현실 세계에는 있을 법 하지 않는 경우에 대한 이론이다. 그럼에도 불구하고 멘델 유전학이 유전학에서 부동의 위치를 차지하고 있는 것은, 여러 유전 현상들이 어떤 예외적인 방식으로 멘델의 법칙과 다르냐는 데서 출발할 수 있기 때문이다. 한 개의 유전자가 생물의 특징을 지배한다는 멘델의 세계와는 달리 현실 세계에서는 여러 개의 유전자가 서로 상호 작용을 하며, 유전자 이외의 여러 가지 환경적 요인들도 생물의 특징에 영향을 미칠 수 있기 때문이다.

개와 관련하여 멘델의 법칙으로 설명할 수 있는 것들로는 털 색깔의 유전과 몇몇 유전병에 관한 것들이 있다. 아마도 우리 주변의 가축 중에서 개만큼 종류가 많고 다양한 털 색깔을 보이는 동물이 흔치 않을 것이다. 쥐의 경우 야생 쥐는 모두가 잿빛의 시궁쥐이고 대학 실험실에 가야만 흰쥐를 볼 수 있을 뿐이다. 토끼의 경우도 산토끼는 잿빛이지만 대부분 집토끼들은 흰쥐처럼 백색을 띤다. 그런데 개의 경우는 잿빛을 띠는 늑대 닮은 개도 있지만 흰쥐를 닮은 백색 개로부터 시작해서 누렁이, 검둥이, 바둑이, 크고 작은 바둑무늬의 개들까지 참으로 다양한 색깔과 무늬의 조화를 관찰할 수 있다.

개의 모색을 결정하는 유전자들에 대해서는 약 100년쯤 전에 포유동물의 대표격으로 토끼와 쥐를 가지고 교배 실험을 해서 대체적인 파악을 하고 있다. 주된 유전자 다섯 개가 관련

되어 있는데 이를 A, B, C, D, E유전자로 명명하고 있다. 개의 전체 유전자는 쌍으로 존재하며 78개 염색체에 나누어져 담겨 있으며 이중 39개는 모견으로부터, 나머지 39개는 부견으로부터 물려받은 것이다. 78개 염색체에 들어있는 모든 유전정보가 작동해서 각각의 개를 만들어 내는데 각 염색체는 하나의 서류가방이고 유전자는 낱장으로 된 설계도면으로 보면 이해가 쉬울 것이다. 개의 털 색깔을 결정하는 다섯 개의 유전자들이 몇 번 서류가방 어느 위치에 들어있는지에 대한 지식은 분자유전학에 속하는 것으로 최근 개 전체의 서류가방(염색체)에 대한 연구가 거의 마무리 단계에 와 있다.

다섯 개의 유전자가 39쌍 염색체 서류가방 중 몇 번 가방에 각각 위치하는지 혹은 한 서류가방 안에 나란히 들어 있는지 멘델 유전학자는 잘 모른다. 그러나 다섯 개의 유전자가 어떻게 서로 영향을 미치면서 개의 다양한 색깔을 결정하는지에 대한 논리적 설명은 어렵지 않다.

야생 늑대를 기준으로 삼았을 때 늑대는 다섯 개의 정상적인 유전자를 모두 가지고 있다고 보면 된다. 어느 날 부모와 다른 색깔의 강아지 늑대를 발견하게 되는데 완전히 검거나 노란색 강아지가 태어났을 것이다. A유전자에 돌연변이(설계도에서 글자 한 자가 달라지거나 귀퉁이가 조금 찢어져서 유실되는 경우)로 인해 이런 일이 일어나는데 유전학자들은 검은 강아지의 경우 A^s, 노란 강아지 경우 A^y변이라고 한다. 등 상단부는 검고 하체는 누런 독일 세퍼드의 색깔도 A유전자의 변이로 인한 것인데 이 경우는 A^{sa}로 표시한다. 도베르만처럼 온몸은 검으나 다리 부분만 노랗거나 고동색을 띠는 경우는 a^t 변이 유전자가 관여된 것으로 생각된다. 이런 A유전자의 변이체들을 대립 형질이라고 하는데 개 집단 중에는 A유전자에만 일단 다섯 가지 종류의 대립 형질이 있다고 보면 될 것 같다. 다섯 개의 대립 형질들 간에도 우성과 열성의 관계가 성립되는데 교배 실험을 통해 거의 밝혀져 있다.

왜 늑대에게는 노란색이나 검정색 또는 세퍼드와 닮은 검고 누런 색깔이 없는지에 대한 의문이 생길 수 있을 것이다. 물론 늑대 무리 중에서도 그런 색깔의 늑대들이 가끔 태어나지만 자연 상태에서는 생존에 특별한 이득이 없으면 도태되어 버리거나 유전자가 희석되어 주류를 이루지 못하여 사라지고 만다. 그러나 개의 경우에는 전에 없던 독특한 색깔의 강아지가 태어나면 희소가치로 인해 사람들에게서 귀하게 여겨져 보존이 잘 되거나 많이 번식시켜 숫자가 불어나기 때문에 누렁이와 검둥이가 개의 주된 색깔이 되어 버린 것이다.

늑대의 정상적인 B유전자(두 종류의 색소가 만들어지는데 유멜라닌은 검은색, 페오멜라닌은 붉거나 고동색이다)에 어느 날 고장이 일어나면 A유전자가 어떠한 형태이든지에 상관없이 유멜라닌이 만들어지지 않아서 고동색으로 변한다. 멜라닌 색소 형성에 관련되어 있는 B유전자는 개에서는 정상적인 B유전자와 고장난 b유전자 두 가지의 대립형질이 존재하며 B유전자가 b에 대해 우성이다. 눈이나 코 색깔이 연한 고동색 또는 검붉은 색이 되는 소위 색소결핍으로 판정하게 되는 불개의 원인이 고장 난 b유전자에서 기인하는 것이다.

세 번째인 C유전자는 대단히 중요한 유전자인데 고장이 나면 모든 색소가 일체 만들어지지 않아서 알비노 즉, 순백색의 털 색깔이 된다. 알비노는 개뿐만 아니라 거의 모든 동물에서 발견되는 색소 결핍증으로 뱀의 경우 백사가 되고 백호랑이 흰 사슴, 흰 까치, 흰쥐, 집토끼 등의 원인 제공 유전자(정상적인 C유전자에 대해 고장 난 c유전자로 표시)이다. 옛사람들에 의해 길조라고 여겨지던 흰 사슴, 흰 까치 등의 실제 원인이 사실은 유전자 고장으로 인한 돌연변이였던 것이다.

D유전자는 기본 색소의 변형을 일체 시키지 않는 범위 내에서 색소의 강도만을 조절하는 비교적 중요도가 떨어지는 유전자이다. DD인 경우 진한 색소를 만들어내나 Dd는 보통정도의 색깔을, 열성동형접합인 dd가 되면 아주 연한 색깔을 만들어 낸다. E유전자는 색소의 분포에 영향을 미치는 기능과 관련이 있는데 누런 개의 주둥이 색깔이 검다거나 호반 무늬 개의 출현은 E유전자의 변이 형태가 관여하는 것으로 알려져 있다. 이외에도 특이 견종에게만 적용되는 몇 가지 색소 관련 유전자들이 더 알려져 있는데 하체나 발목 아래 나타나는 백색 분포 변이와 바둑무늬 형성에 관여하는 S유전자가 그중 하나이다.

차우차우의 모색과 유전자와의 관계는 아래와 같으며 집단 중에 유전자 변이가 크지 않음을 알 수 있다. 아래에서 언급되

모색	유전자형
흑색	A^s-D-
청색	A^s-dd
붉은색	A^y-D-
크림색	A^y-dd

차우차우의 모색과 유전자와의 관계

모색	유전자형
흑색	A^s-B-E-
고동색	A^s-bbE-
노란색, 흑색 코	—B-ee
노란색, 고동색 코	—bbee

래브라도 레트리버의 모색과 유전자와의 관계

지 않은 B, C, E유전자는 품종으로서 차우차우 집단에는 모두 표준형임을 암시한다.

래브라도 레트리버의 모색과 유전자와의 관계를 보면 위의 표와 같다. 래브라도의 경우 집단 내 모든 개들의 A유전자는 동일 형태인 A^s밖에 없는데 노란색 개들이 있음은 일견 이상하게 보일 수도 있으나 교배 실험을 통해 조사해 본 결과 노란 모색의 원인이 e유전자에 있는 것으로 파악 되었다.

품종 내 모색 유전자의 변이가 보다 큰 치와와의 경우를 살펴 보면 다음과 같다.

모색	유전자형
흑색(black)	A^s-B-D-
흑색과 황색(black and tan)	a^la^lB-D-
적갈색(liver)	A^s-bbD-
적갈색과 황색(liver and tan)	a^la^lbbD-
청색(blue)	A^s-B-dd
청색과 황색(blue and tan)	a^la^lB-dd
검은 담비색(sable)	A^y-B-D-
황갈, 담비색(liver Sable)	A^y-bbD-
붉은색, 흑색코(red, black nose)	A^y-B-D-
붉은색, 갈색코(red, liver nose)	A^y-bbD-

치와와의 모색 유전자 변이

치와와 집단 중에는 A유전자 경우 세 가지 대립 형질이 존재하는데 기본적으로 A^s는 흑색을 a^l는 흑과 황색을 A^y는 노란색을 결정한다. A유전자의 변이형이 전체 색조를 결정한 범위 안에서 B와 D유전자가 어떤 대립 형질이냐에 따라 색조가 연해지거나 변형되거나 해서 그토록 다양한 색깔들을 만들어 내게 되는 것이다. 치와와 품종 중에서 볼 수 있는 거의 모든 색깔의 이유를 A, B, D유전자의 다른 형태로 설명할 수 있으며 교배 조합에 따라 태어날 강아지들 색깔조차도 예측이 가능할 것이다.

늑대로부터 시작하여 인간의 선발과 도태에 의해 다양한 모양과 색깔의 개들이 만들어졌는데 계통도를 그리면 다음 페이지의 그림과 같다.

멘델의 법칙을 따르는 개 유전병

대부분 순수 혈통의 개들이 가지고 있는 가장 심각한 문제점은 유전성 질환이 많다는 것이다. 지난 세기 쇼 도그가 애견 문화의 중심에 자리하면서 모양이 동일한 개를 만들어야 한다는 대의명분이 있었다. 따라서 극소수의 형태 조건이 좋은 개들을 활용하여 근친교배에 의한 혈통고정이 광범위하게 행해졌다. 이로 인해 불거진 문제가 바로 열성 유전병들의 다발현상이다. 초기 시조 집단의 마리 수가 적을수록 각 견종에 따르는 유전성 질환의 출현 빈도가 높을 것인데 현재 추산하기로 전체 300여 품종 중에서 거의 절반 이상의 견종에서 심각한 유전병들이 발견되고 있다.

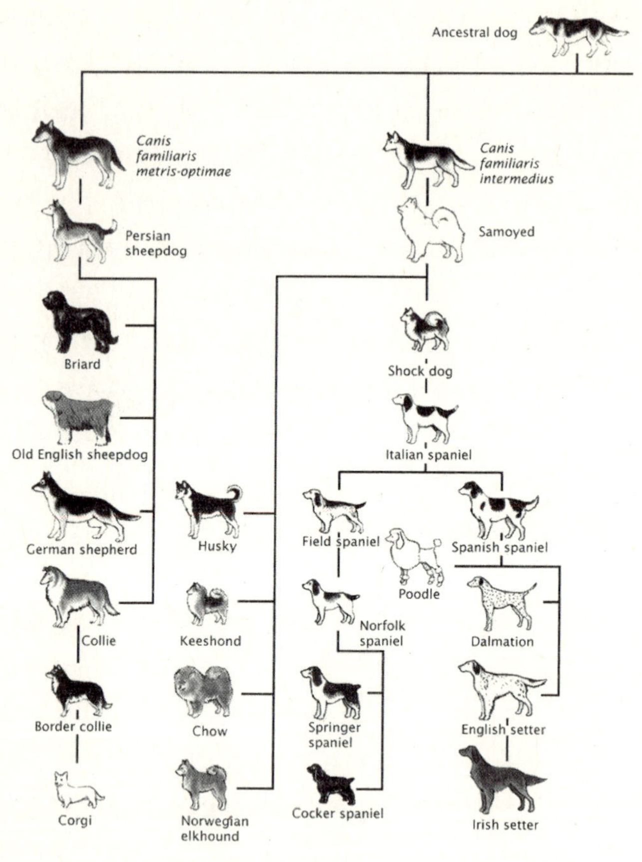

Ancestral dog
Canis familiaris metris-optimae
Canis familiaris intermedius
Persian sheepdog
Samoyed
Briard
Shock dog
Old English sheepdog
Italian spaniel
German shepherd
Husky
Field spaniel
Spanish spaniel
Collie
Keeshond
Poodle
Norfolk spaniel
Dalmation
Border collie
Chow
Springer spaniel
English setter
Corgi
Norwegian elkhound
Cocker spaniel
Irish setter

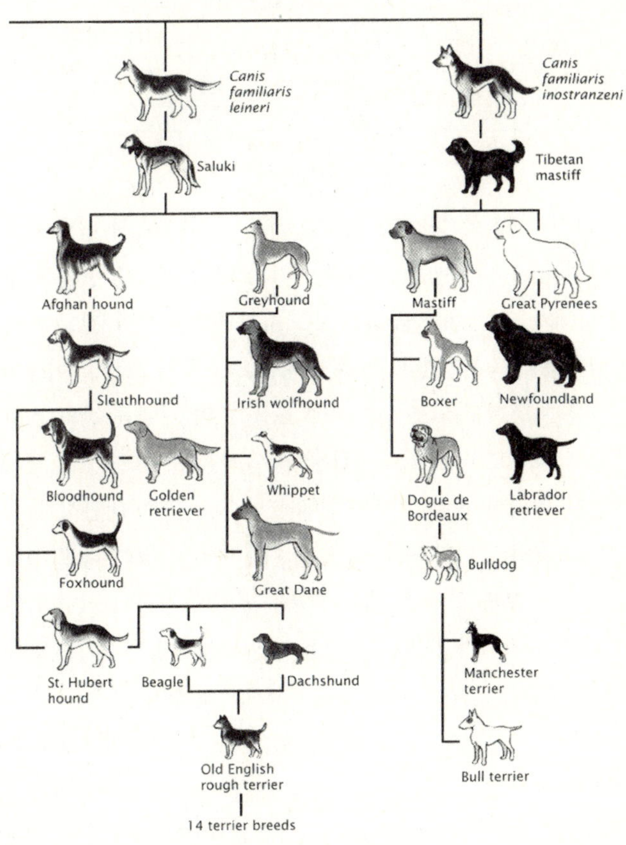

Canis familiaris leineri
Saluki
Afghan hound
Greyhound
Sleuthhound
Irish wolfhound
Bloodhound
Golden retriever
Whippet
Foxhound
Great Dane
St. Hubert hound
Beagle
Dachshund
Old English rough terrier
14 terrier breeds
Canis familiaris inostranzeni
Tibetan mastiff
Mastiff
Great Pyrenees
Boxer
Newfoundland
Dogue de Bordeaux
Labrador retriever
Bulldog
Manchester terrier
Bull terrier

품종명	조사견의 수	고관절 이상 발병률	유전율
독일 셰퍼드	31951	26%	49%
골든 레트리버	9347	20%	44%
래브라도 레트리버	16915	20%	57%
뉴펀드랜드	2087	41%	49%
로트바일러	2302	18%	33%
베르니스 마운틴독	1699	23%	68%
세인트 버나드	812	55%	40%

품종에 따른 고관절 질환 유전율

유전성 질환의 특징 중 하나가 견종에 따라 출현 빈도가 다르다는 것을 들 수 있다. 현재 서양의 인기 견종들 중에서 가장 문제가 되는 유전성 질환으로는 고관절 이상과 진행성 망막위축증을 들 수 있다. 서양 중대형 견종들의 고관절 이상의 발병률과 유전율을 조사한 아래 표를 보면 개체들 간의 질환 진행의 강도도 다르고 복잡한 유전 양상을 보이고 있다. 특히 세인트 버나드 같은 대형견에서의 발병 빈도가 대단히 높은 것으로 나타나 있다. 유전율도 견종에 따라 상당히 다르게 나오는 것을 보면 고관절 질환이 단순 멘델 유전병이 아니라 여러 개의 유전자가 개입된 복잡한 양상의 질환임을 알 수 있다. 망막위축증의 경우도 병명은 동일하지만 품종에 따라 여러 가지 다른 원인 유전자들의 개입으로 인한 다양한 형태의 질환일 가능성 또한 높다.

비교적 멘델의 법칙을 잘 따르는 유전병들도 많은데 이런 경우는 거의 대부분 한두 개의 단순 유전자에 돌연변이가 일어난 경우에 해당된다. 전신에 털이 없는 무모견을 들 수 있는데 차이니스 크레스티드 독과 멕시칸 무모견의 경우 Hr유전자

의 돌연변이임이 밝혀져 있다. 우
성 유전병이므로 이형접합(한 개의
Hr유전자만 부모로부터 물려받은 경우)
의 경우에는 살아남아서 무모견
이 되나 동형접합(두 개의 돌연변이
유전자를 모두 가진 경우)인 경우에는

닥스훈트

태중에서 죽어 버리는, 견종 자체에게는 좋지 않은 유전병이
다. 과거에 특이하다고 사람들이 특별히 보살펴 주지 않았다면
견종 자체의 성립도 되지 않았을 것이다.

　바셋 하운드나 닥스훈트의 경우 사실은 난쟁이증(Achond-
roplasia) 유전병이라 할 수 있지만 품종 자체의 특징이 되었으므
로 유전병이라고 하기도 애매한 면이 있다. 신체의 다른 부위
에 비해 사지의 성장 비율이 달라짐으로 인해 야생 환경에서
는 정상적인 개체들에 비해 생존율이 떨어져서 도태되었겠지
만 특이한 형태를 귀하게 여기던 애견가들에 의해 살아남아
하나의 품종이 된 것이다. 두 견종을 가지고 교배 실험을 해본
결과 한 개의 주요 유전자 변이는 아니라는 주장도 있으나 확
실하지는 않다. 그러나 코카스파니엘이나 푸들, 잉글리시 포인
터에서 다리가 짧아지는 난쟁이 돌연변이가 발견되는데 모두
열성 유전병이며 한 개의 주요 유전자 고장으로 알려져 있다.

　사람의 육손이에 해당하는 곁 발가락이 개들에게서 흔히
발견된다. 특히 산악 지형에 잘 적응한 그레이트 피레니즈의
경우 튼튼한 곁 발가락이 바위를 타는데 도움이 되어서 도태

되지 않고 형질 자체가 주요 견종 특징으로까지 인정받게 되었다. 우성 유전 형질로 알려져 있지만 멘델의 법칙을 깔끔하게 따르지는 않는데 그 이유는 형질의 발현에 있어서 문턱 효과라는 좀 더 복잡한 발생학적인 우연이 개입되기 때문으로 생각된다. 곁 발가락은 삽살개 집단에서도 흔히 발견되는데 현재 그 원인 유전자가 한국과학원의 연구팀에 의해 밝혀져 있다. 개의 12번째 염색체에 위치하며 변이의 원인 염기서열까지 확인된 상태이다.

개의 꼬리는 견종에 따라 주요한 특징으로 인정될 수 있는 여러 가지 변이 형태들이 있다. 꼬리 모양을 결정하는 데 관여하는 유전자들은 한두 개가 아니라서 멘델 유전학에서 다룰 수 있는 성질은 아니다. 견종에 따라 꼬리 없는 개가 출현하는 빈도가 높은 경우가 있으나 일반적으로 약 5만 마리 중 한 마리 꼴로 꼬리 없는 개가 돌연변이로 출생하는 것으로 알려져 있다. 이런 경우 다른 골격 형성 유전자들의 이상처럼 열성 유전병으로 분류되는 경우가 많다.

사람에게서 발견되는 거의 모든 유전 질환들이 개에게서도 발견되는데 혈액 응고가 되지 않아서 문제가 되는 혈우병에서부터 다양한 형태의 안 질환과 정신 질환에 이르기까지 많은 영역에 걸쳐 있다. 그래서 사람을 대상으로 하기 어려운 연구라도 개를 재료로 해서는 연구가 가능한 경우가 많기 때문에 연구자들에게 있어서는 개의 유전병 연구는 앞으로 유전병 연구의 금광맥이 될 가능성이 많다. 현재 다양한 연구들이 진행되고 있으며 미리 유전병 여부를 판단 할 수 있는 유전자 검정방법들이 개발되고 있어서 가까운 장래에 유전병 없는 강아지를 선별하는 기술이 출현할 것이며, 품종 차원에서 유전병을 가진 개들의 빈도를 줄이고자 하는 육종 기술의 발전에도 큰 진전이 있을 것으로 기대된다.

수량적 형질의 유전방식

멘델 유전학에서 다루는 특징들은 사실상 전부 아니면 전무한 것들만 주로 다룬다. 혈액형의 경우 사람은 A, B, O, AB형 네 가지 이외에는 있을 수 없다. 개의 털색도 검거나 누렇거나 희거나 한 데서 출발하며, 이중색이나 심지어는 삼중색도 있지만 몇 가지 그룹으로 구분하여 설명이 가능하다. 그러나 현실 세계에는 구분되지 않는 특징들이 훨씬 많다. 예를 들면 100명의 사람을 모아 놓으면 남자 성인의 경우 신장 160cm부터 180cm에 이르기까지 고르게 분포되어 있다. 정규분포곡선을 따라 평균에 가까운 170cm 근방에는 많은 사람들이 있음을 볼 수 있는데 여기서 우리는 혈액형처럼 질적으로 분명히 구별되는 형질(질적 형질이란 말은 거의 사용치 않는다)에 반해 사람의 키처럼 양적인 차이만 보이는 보통의 현실적 특징들 즉, 수량적 형질이 있음을 본다.

도무지 멘델의 법칙으로는 설명할 수 없는 현상이지만 우리는 대체로 부모의 키가 크면 자식도 닮아서 큰 키가 될 가능성이 높다는 것을 안다. 사람의 키가 유전되는 것은 분명한데 멘델의 법칙으로는 설명하기 어려운 현상인 것이다. 그러나 잘 생각해 보면 우리 주변의 거의 모든 특징들이 이와 비슷하다는 것을 알 수 있다. 운동 소질, 지능지수, 말 잘하는 능력, 악기 다루는 솜씨 등 꼭 집어서 어떤 방식을 따라 부모를 닮는다고는 할 수 없지만 대체로 양친의 소질을 닮거나 아니라면 할머니나 할아버지라도 닮는 경우를 종종 보게 된다.

과학자들은 이런 보통 특징(수량적 형질)들의 유전을 설명할 때 사용하기 위하여 중요한 개념을 발전시켜 놓았는데 유전율이라는 용어이다. 유전율은 완벽하게 부모를 닮는 경우를 100%라고 할 때 유전적 기여도와 환경적 기여도의 상대적 비율을 백분율로 구분하는 수치이다. 일반적으로 유전율 90%라고 하면 나머지 10%의 기여는 환경이 하는 것으로 파악하면 된다. 사람 두뇌 능력(지능지수)의 경우 유전율이 60%정도 되는 것으로 밝혀져 있는데 나머지 40% 부분은 자라는 환경이 미칠 수 있는 영향의 정도를 말한다. 부모로부터 우수한 지능지수는 타고났을지라도 교육적이지 못한 환경에서 자란 탓에 두뇌 개발이 안 되면 천부적으로 타고난 능력을 발휘하지 못할 수도 있기 때문이다.

사람의 경우에는 주로 일란성 쌍둥이와 이란성 쌍둥이를 비교하여 여러 가지 성질들에 대한 유전율을 연구하고 있다. 유전율이 높을수록 부모를 많이 닮고 환경적 요인이 작용할 여지가 좁아서 거의 숙명적으로 그 사람의 특징이 태어나기

형질	수컷의 유전율	암컷의 유전율	암수 평균
맹도견 합격률	46%	42%	44%
겁쟁이 반응	67%	25%	46%
다른 개에 의한 혼란	0%	23%	9%
흥분 잘함	0%	17%	9%

맹도견의 몇 가지 주요한 성격 특질의 유전율

전에 이미 결정되는 경우이다. 현실 세계에서 유전율 100%인 경우는 거의 없으며 대부분의 경우 유전과 환경이 비슷하게 영향을 미친다고 보면 된다.

사람의 지능지수를 결정하는 유전자는 적어도 수십 개에서 수백 개에 이를 정도로 많으며, 이들이 상호 작용하여 어떤 결과를 만들어 내기 때문에 부모로 부터의 유전은 거의 경향성을 띤다고 보면 될 것 같다. 개의 경우 몸의 크기나 골격 구조 등을 결정하는 유전자 역시 수백 개 이상 있고 이들 간의 상호 작용 또한 복잡할 것이기 때문에 한두 개 유전자의 영향만 설명하는 멘델의 법칙과는 너무나 동떨어진 상황인 것이다. 그러나 이러한 경향성도 통계 지식을 이용하여 정확한 수치를 계산하여 낼 수 있으며 유전율을 활용하여 육종 설계를 하면 이로부터 정확히 결과를 예측하기도 한다.

개의 주요 특징들에 대한 유전율을 조사한 값은 아래와 같다. 대체로 질병에 대한 유전율이 높고 행동 특징 중에 소심한 성격이 부모를 닮는 확률이 높으며 골격 형태의 경우에는 흉심의 유전율이 높다. 유전율이 높은 특징들은 계획적인 육종을 하면 빠른 시간 안에 원하는 형질의 변화를 가져올 수 있다.

맹도견의 몇 가지 주요한 성격 특질의 유전율이 조사되었

범주	구체적 형질	유전율
번식	번식률	15% 이하
	임신기간	40%
	산자수	20% 이하
골격 형태	체장	20~40%
	체중	20~40%
	흉심	40~60%
행동	소심함	50%
	물건 물고 오기	20%
질병	어깨 문제	40~60%
	고관절 이상	25~55%

개의 주요 특징들에 대한 유전율

는데 결과는 아래와 같다. 겁쟁이 반응을 보이는 성격 특징이 유전성이 가장 강하고 맹도견 합격률도 상당히 높아서 우수한 부모견의 선발이 대단히 중요함을 알 수 있다.

육종의 방법

육종 과정에서는 교배 방법의 선택과 선발 기술의 운용이 가장 중요하다. 교배 방법에는 상보적 교배와 근친교배(inbreeding), 아웃브리딩(outbreeding), 극단 교배 등을 들 수 있는데 상보적 교배는 암수 간에 결함을 상보적으로 해소할 수 있는 조합을 찾아 교배시키는 방법을 말한다. 상보 효과로 인해 서로간의 약점이 보완된 우수한 개가 생산될 수 있어서 일반적으로 가장 쉽게 쓸 수 있는 교배 방법이다.

그러나 근친교배는 근친에 의해 열성 유전자가 농축되어 나쁜 영향을 미칠 수 있음에도 불구하고 적절히 활용해야 하는 이유는 근친교배를 통해서만이 원하는 우수 형질이 고정되기 때문이다. 근친교배에 의해 번식률과 자견의 활력이 크게 떨어질 수 있는데 적절히 아웃브리딩을 구사하여 새로운 유전자의 유입을 활성화시켜 주어야 한다. 아웃브리딩은 잡종 강세를 가져와서 단기적으로 우수견을 양산할 수 있는 방법이기도 한데, 경주마 같은 고가의 우수 마필을 생산할 때 쓰기도 한다. 극단 교배는 소형견 육종을 시도할 때 가장 극단적으로 적은 암수를 골라 교배시키는 것과 같은 교배 방법이다. 특별한 목적이 있을 때 구사할 교배 방법이라고 생각하면 크게 틀리지 않다.

육종의 목표 달성은 특정 형질의 유전력과 선발 강도 그리고 적절한 선발 전략에 따라 이루어진다.

옆의 그림에서 볼 수 있듯이 유전율 30%인 특정 형질을 개량하기 위해 집단 중 상위 그룹 10% 범위의 개체(평균값이 6점 증가함)들을 선발해서 교배시킴으로 다음 대 자손들의 전체 평균치가 1.8점 증가할 것을 예상할 수 있다. 선발 강도는 상위 그룹 몇 %를 교배에 활용할 것인지 결정하는 것이다. 표

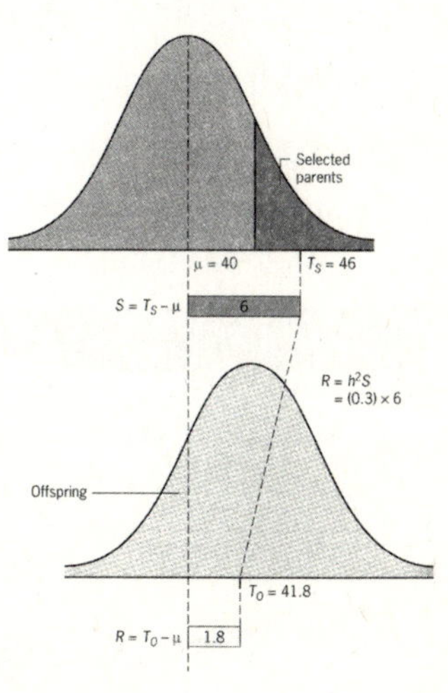

를 보면 전체 집단의 정규분포곡선이 오른쪽으로 옮겨진 것을 알 수 있는데 특정 형질이 몸무게가 되든 키가 되든 아니면 훈련 소질이 되든 상관없이 선발에 의해 대를 거듭하면서 전체 평균이 움직여질 수 있음을 보여주는 좋은 예가 되겠다.

아래 표는 미국 사냥개 협회에서 조사한 몇 종류 사냥개들의 사냥 능력들의 유전율 값이다. 더 좋은 사냥개를 육종할 목표로 이와 같은 연구를 수행했는데 표를 보면 어떤 형질이 육종에 의해서 좋아질 수 있을지 미리 예측할 수 있다. 독일 SH 포인터의 경우 추적과 탐색 능력의 유전율이 거의 50%대에 육박 하는 것을 보니 극단적 교배를 몇 번 수행하면 탐색과 추적 능력이 뛰어난 사냥개를 비교적 빠른 시간 내에 만들어 낼 수 있다는 확신을 할 수 있다.

대체로 품종 개량은 경제동물인 젖소나 닭을 대상으로 해서 경제 형질 즉, 산유량이나 산란율 증가를 유도할 목적으로 선발과 도태를 되풀이해서 우수한 개체를 얻는 행위를 말한다. 경제동물의 품종 개량은 목표가 분명하여 비교적 쉽게 수

조사된 특정형질	독일 SH포인터	독일 WH포인터	그리폰	라지 먼스트랜드	푸들 포인터
코 사용 능력	0.35	0.32	0.33	0.19	0.19
탐색	0.48	0.31	0.18	0.19	0.12
물에 들어가 회수하는 능력	0.13	0.32	0.3	0.24	0.31
Pointing 능력	0.25	0.13	0.13	0.31	0.1
추적	0.48	0.14	0.13	0.8	0.17
일에 대한 열심	0.31	0.14	0.2	0.22	0.05
협동심	0.22	0.34	0.08	0.25	0.09
Weighted total score	0.34	0.27	0.22	0.33	0.08

사냥개들의 사냥 능력들의 유전율

행할 수 있으나 개 같은 문화 동물은 신경 써야 할 형질들이 너무 많아서 한두 가지 목표를 정해 품종 개량을 하기가 쉽지 않다. 개는 성격도 좋아야 하고 모습도 좋아야 할 뿐만 아니라 체격 조건이 견종 표준에 부합해야 하는 것은 기본이다. 이외에도 번식 능력, 훈련 소질, 유전적 질병이 없어야 하고 코와 입술 눈 주위의 색소까지 신경 써야 하므로 일단 품종 개량이라는 용어 자체가 개에서는 낯선 용어이다.

육종을 적극적 육종과 소극적 육종으로 나누어 생각해 볼 수도 있는데, 품종 육성을 위해 집단 내 유전적 변화를 선발과 도태 과정을 통해 계획적으로 만들어 내는 경우 적극적 육종이라 할 수 있겠다. 우수한 개체를 골라서 번식에 많이 활용하고 그렇지 못한 개체들은 배제하든지 도태시켜서 우수 유전인자의 비율을 증가시키는 작업이 될 것이다. 이에 비해 소극적 육종은 소질이 나쁜 개체 즉, 유전 질환이 있는 개들을 번식에서 배제함으로 점진적으로 품종의 개량을 도모하는 정도의 작업을 말한다.

순종의 의미

품종이란 말은 인간에 의해 개발된 가축에게 주로 사용되는 용어이다. 자연에 의해 즉, 오랜 기간 지리적인 격리로 인해 다른 모습의 계통으로 구분된 야생 동물, 예를 들면 인도코끼리와 아프리카코끼리를 구별할 때 아종이란 말을 사용하지 품종이란 용어는 쓰지 않는다. 우리는 또한 아프리카코끼리 순종이란 말도 거의 사용하지 않는다. 품종과 마찬가지로 순종이란 말도 역시 인간의 작위가 많이 들어간 동물 종 즉, 경주마나 얼룩 젖소 홀스타인, 세퍼드 같은 개를 지칭할 때에만 주로 사용하는 말이다. 그래서 순종의 순(純)이란 말의 의미와는 다르게 상당히 상대적인 용어이며 경우에 따라 의미하는 바가 조금씩 달라질 수도 있다는 것을 알아야한다.

100여 년 전 독일의 기병장교 스테파니쯔가 외모와 능력이 뛰어난 칼스루에 지방의 목양견을 선택하여 세퍼드를 만들었는데 처음 재료가 된 그 목양견을 세퍼드 순종이라 지칭하는 사람은 아무도 없다. 그 개들은 세퍼드 원종이며, 세월이 지난 후 혈통 기록이 웬만큼 쌓인 다음 외모 특징과 내적 유전 소질이 일치할 즈음이 되어서 확실한 혈통 기록을 가진 개를 순종 세퍼드라고 하는 것이다. 물론 진돗개의 경우는 세퍼드나 도베르만 같은 개들과는 상황이 다소 다른 것은 사실이다. 이미 격리된 지역에 서식하고 있는 상당한 숫자의 자연적인 원종 집단이 있기 때문이다.

20세기에 들어오면서 개를 기르는 것은 하나의 문화가 되었다. 특히 개는 인간에게 있어서 문화적인 동물이다. 원종으로 존재하는 개는 원광석에 해당하며, 어떤 형태로든 가치를 창출하며 용도를 만들어 내는 것은 원광석을 제련하여 강철이나 선철을 만드는 것에 해당한다. 필요에 따라 같은 용광로에서 조건을 잡아 주기에 따라 여러 가지 유용한 철들이 만들어

지듯이, 의도에 따라 다분히 문화적이고 그러면서 과학적인 과정을 거친 후 진돗개 원종을 순종 집단으로 만들어 내야 하는 것이다.

 과연 어떤 개를 우리는 진돗개 순종이라 할 수 있을 것인가! 바로 지금, 그 순종 진돗개는 어디 있는가? 무작정 '우리 것은 좋은 것'이기 때문에 우리 개를 키우는 것도 좋다. 그러나 오늘의 세계는 좀 더 보편적인 가치를 요구하고 있다. 좁은 나만의 세계 속에서 또는 우리끼리만 어울려 영원히 살 수 만은 없는 일이다. 세계 애견계에 나가서 경쟁할 수 있으며, 보다 보편적인 평가를 받을 수 있는 좋은 진돗개 순종을 만들어 내는 일이 진돗개를 진정으로 사랑하는 애호가들이 해야 할 일이 아닌가 한다.

 장미의 원종이 되는 찔레꽃을 본 사람들은 많지 않지만 장미꽃을 보지 못한 사람은 없을 것이다. 보잘것없는 야생 찔레꽃을 개량해서 아름다운 장미꽃을 만들어 내는 일에는 많은 사람들의 창의적인 노력이 필요했다. 일본 도사의 피 속에는 순수 일본 토종개 혈통이 10%도 들어 있지 않다고 한다. 서양 마스티프 같은 싸움개를 수입한 후 도사 지역 토착 개들과 교잡해서 일본 브랜드의 싸움개를 만들었지만 어느 누구도 지금 와서 일본 혈통의 순수성을 시비 걸지는 않는다. 전체적으로 볼 때 99% 이상의 순수성을 유지하고 있는 진도의 진돗개에 대해 누가 이의를 제기할 사람이 있겠는가. 그러나 내일의 진돗개는 어제의 진돗개이어서는 안 된다.

사실 세퍼드를 육종해 낸 스테파니쯔가 작업할 당시만 해도 그가 참고로 할 만한 개 육종 모델이나 유전학적 지식이 별로 없었다. 스테파니쯔는 말 육종 교과서인 『마체 심사론』이란 책을 열심히 공부했던 것 같다. 세퍼드 골격이 어떻고, 근육의 움직임이 어떻고 하는 대부분의 이야기들은 경주마인 수루브레드 육종가들의 연구 내용을 배워서 개에 적용해 본 것이다. 사실 지금의 유전 육종학적 입장에서 보면 부적절한 부분도 있지만 많은 부분 보편적인 지혜가 있는 것도 사실이다.

우리는 지금 여러 가지 면에서 스테파니쯔보다는 훨씬 더 유리한 입장에 있다고 할 수 있다. 현존하는 진돗개 원종 집단은 그 규모가 상당히 커서 순수성 유지에는 별 어려움이 없을 것이며 외부로부터 잡개들의 혼입이 웬만큼 있더라도 전체 유전자 풀에는 별 영향을 못 미친다. 뿐만 아니라, 필요한 특징이라면 웬만한 것은 다 갖추고 있을 만큼 개체 숫자가 많이 유지되어 있는 것이 현실이기 때문이다.

이제 고비는 넘겼지만 20년 전 삽살개의 경우는 워낙 원종 집단의 숫자가 적어서 초기에 한두 마리 잡개가 섞인다든지 좋지 않은 형질의 개가 번식에 많이 활용된다면 나쁜 방향으로 전체 혈통이 변할 수 있는 상황이었는데 이러한 부정적 의미의 시조 효과(founder effect)가 현재의 진돗개에서는 문제가 아닌 것이다.

진도에 서식하고 있는 진돗개들을 배후 원종 집단으로 하고 육지에 있는 많은 우수한 진돗개들을 활용하여 정말 좋은

진돗개를 만들어 내는 일은 바로 이 책을 읽는 독자들의 몫이
다. 유전학의 새로운 지식과 좋은 개 품종을 만들어 낸 여러
모델들을 참조한다면 셰퍼드보다 더 우수한 토종 진돗개를 우
리라고 해서 만들지 못할 이유는 없을 것이다.

진돗개 육종의 전제 조건

개를 평가하기 위해서는 다음 다섯 가지 항목 즉, 형태, 성
품, 훈련 소질, 체질의 강함, 번식 능력에 비슷한 비중을 두고
살펴 봐야 한다. 물론 품종을 대표하는 우수한 개를 뽑을 때
외모를 무시 할 수는 없지만 그 개가 가지고 있는, 드러나지
않은 여러 가지 소질 즉, 정서적인 안정감, 사람과 좋은 관계
를 유지하는데 필요한 친근성, 훈련 소질 등을 두루 판단하여
평가할 수 있는 평형 감각이 대단히 중요하다. 사실 혈통 고정
된 서양의 여러 개 품종들에게서 볼 수 있는 심각한 유전병들
의 빈발은 근친번식과 형태 위주로 개를 평가하는 품평회의
관행이 주요한 원인으로 꼽히고 있다.
다른 여러 개 품종들에서도 마찬가지이지만, 앞에서 제시한
진돗개 표준 체형의 신체 부위에 대한 설명들을 유심히 그리
고 비판적인 눈으로 살펴보면 주관적인 면이 많이 개입 될 수
밖에 없음을 알 수 있다. 그러다 보니 중요하지 않은 시시한
사항들이 부각되어 소모적인 논쟁거리만 만들어 왔던 것이다.
모양 특징 중에 어떤 것들은 유전성이 강한 것들도 있고 또

어떤 것들은 후천적인 사양 관리에 의해 만들어지는 것도 있는데 평가와 비중이 달라져야 함은 당연한 것이다. 가장 중요한 것은 어느 품종의 개에게도 적용될 수 있는 개의 보편적인 아름다움이다. 전체적인 형태의 균형미가 가장 중요하고 그다음은 내적인 안정과 강인함에서 배어나오는 경쾌함과 당당함 같은 것들이 그것이다. 그런 연후에 신체 각 부위에 대한 관찰과 평가가 이루어져야 한다.

얼마 전에는 이름조차 없던 동물행동학이라는 분야가 지금은 하나의 중요한 학문 영역이 되었으며 많은 연구자들이 연구를 하고 있다. 개 행동의 원인과 결과들에 대해 많은 연구들이 이루어져 있고 또 어떤 행동들이 얼마나 부모로부터 물려받은 것이냐에 대해 상당히 많은 것이 알려졌다. 개의 일반적인 성품과 함께 특수 능력 즉, 수렵이나 마약탐지 능력 같은 것들도 유전된다는 것을 알게 되었다. 환경적인 요인도 개의 성격 형성에 중요하지만 많은 부분 유전되기 때문에 유전성이 강한 성격들은 객관적으로 평가하는 방법을 고안해서 개체 기록으로 남겨 놓아야 한다.

개는 품종에 따라 훈련 능력이 상당히 다른 것으로 알려져 있다. 훈련 능력을 결정하는 요인들을 분석해 보면 사물에 대한 호기심의 강도, 경계심, 물건에 대한 소유욕, 한 번 배운 것을 기억하는 습득력, 주인에 대한 친화도 그리고 마지막으로 운동 능력 등을 꼽을 수 있다. 진돗개의 기초 훈련 능력을 신장시키고 싶다면 위 여섯 가지 요인에 대한 테스트를 거친 후 능력이 가장 뛰어난 개들을 번식에 많이 활용한다면 여러 세대 후에는 전반적인 변화를 기대해 볼 수 있다. 수렵견으로서 진돗개 고유의 능력을 유지하고 싶다면 역시 수렵 능력을 시험하는 방법을 고안해서 육종에 활용할 수 있을 것이다.

북미 사냥개 협회에서는 젊은 사냥개 사냥 능력 시험 방법을 만들어서 육종에 활용하고 있다. 코 사용 능력, 탐색 능력, 물속에서 사냥감을 물고 돌아오는 능력, 사냥에 대한 욕구의 정도 등 여러 가지 항목을 정해 4등급으로 나누어 평가한 바에 의하면 전술한 항목 중 앞의 세 가지의 유전력은 0.25~0.39 사이에 속한다는 것을 알아내었다. 0.3정도의 유전력이라면 부모의 소질이 상당히 전달된다는 의미이며 선발, 육종에 의해서 여러 대가 지난 후에는 사냥 소질의 큰 신장도 기대할 수 있다는 것을 보여 주는 연구 결과이다. 진돗개가 그 본성대로 우수한 사냥 소질을 유지해 가기를 원한다면 우리도 북미 사냥개 협회의 노력을 본받아야 한다.

여러 가지 질병과 체내 기생충에 대한 저항성의 정도도 개 품종에 따라 상당히 다르다. 체질의 강인함이라고 표현할 수 있는데 진돗개나 삽살개가 우리 토종이라는 증거 중 하나는 우리 기후와 풍토에 잘 적응하고 서양 개들보다도 여러 가지 병으로부터 회복하는 확률 또한 높다고 알려진 것이다. 지난 수천 년 동안 열악한 환경에서 살아남느라고 약한 개들은 거의 도태되고 특정 유전 질병 또한 없어져 버린 것은 다행한 일이다. 그러나 앞으로 혈통고정을 위해 부득이 하게 근친번식을 해야 될 상황이 되면 숨겨져 있던 유전 질병들이 나타날 수도 있으므로 주의하여야 한다. 순혈 품종 개 육종의 최대 관심사 중 하나는 집단 중에서 유전병 유전자의 출현 빈도를 줄여 나가는 일이다.

개의 번식 능력은 번식가들에게는 대단히 중요한 의미를 지닌다. 개 또는 가계에 따라서 번식 능력에 차이가 있기 때문인데 여러 가지 요인으로 구분할 수 있다. 암컷은 수태율, 산자수, 포유 능력 등에서 상당한 개체별 차이가 있으며 이러한 능력도 어미로부터 유전되는 것으로 밝혀져 있다. 당연히 새끼를 잘 낳고 잘 기르는 암컷을 우선적으로 선발해야 하며 그렇게 해야만 품종 전체의 종족적인 활성이 증가한다. 수컷의 경우도 마찬가지로 종족적인 활성을 생각해야 하며 건강한 후손을 많이 생산하는 가계의 수컷이 당연히 번식 가치가 높을 수밖에 없다. 후대 검증을 통해 평가할 수 있는데 혈통 기록의 중요성이 이런데서 더욱 부각되는 것이다.

개를 평가할 때 모양에만 관심을 가져도 쉽지 않았는데 이토록 많은 요인들을 어떻게 다룰 것인지 막연해지는 것이 당연하다. 물론 평범한 애견가 개인이 이 많은 요인들을 모두 기억할 필요는 없다. 적어도 원칙이 이러하다는 것이다. 많은 부분 전문 협회나 전문 번식가가 신경 써야 할 부분이며 나머지는 요즘 빠르게 발달하고 있는 컴퓨터 기술이 알아서 처리할 것이다.

삽살개 순종의 의미

개의 외적 형태 한두 가지 즉, 꼬리가 말리지 않고 장대 모양이라야 한다든지, 주둥이가 길지 않고 짧아야 한다든지 하는 주장들로 순종을 판단하는 것은 대단히 어리석은 것이다. 또 이런 주장들은 기만적인 경우가 대부분이다. 삽살개나 진 돗개의 경우, 명확한 품종 기준을 설정한 후 형태에 초점을 맞춘 도태 과정을 거치지 않았기 때문에 품종 내에 당연히 형태적 다양성이 존재한다. 한국 사람 중에는 매부리코도 있고, 주먹코도 있으며, 잘생긴 코도 있듯이 진돗개나 삽살개 중에도 각 부위별로 다양한 형질들이 있게 마련이고 또 그대로 인정되어야 한다. 종족적 표현이란 말이 의미하는 바에 따라 기본적으로 갖추어야 할 품종의 특징이 있는지에 대한 직관적 판단이 서면, 믿을 수 있는 혈통서에 근거하여 순종으로 인정하는 것이 옳을 것이다.

현재까지 순종을 확인할 수 있는 만능열쇠는 없다. DNA 지문법이나 혈청 분석법 등이 최근 순종 구분법으로 쓰이는 것처럼 잘못 알려져 있는데, 이같은 현대 생물학에 근거한 방법들은 주어진 범위 내에서 유용성을 지닐 뿐 순종을 확인하는 만능열쇠는 아니다. DNA 지문법은 친자 감별에는 아주 유용하게 쓰일 수 있는데 오차 확률이 100억 분의 1보다 낮을 만큼 정확하다. 그러나 순종을 판별하는 것은 또 다른 이야기로서 통계학적인 접근을 통해 집단유전학적으로 추정해 볼 수는 있으나 어떤 개의 순종 여부를 이 방법만으로 확인하기에는 미흡한 점이 있다. 혈청 분석법 역시 집단유전학적인 연구에만 쓰일 뿐 개체의 확인 등에는 쓰일 수 없는 한계를 지닌다.

그렇다면 어떤 개가 삽살개 순종이며, 앞으로의 육종과 번식에 쓰일 수 있겠는가?

첫째, 유래에 대한 신뢰성과 보존 과정에 대한 기록의 중요성이다. 1992년 경산의 삽살개가 천연기념물로 지정받을 당시 필자를 제외하고는 아무도 의식을 가지고 삽살개를 보존하고 있는 사람이 없었다. 1989년도에 처음으로 애완동물보호협회의 전람회에서 삽살개 8두를 선보인 후 몇몇 애견가들이 관심을 가지고 찾아온 적은 있지만 번식 가능한 원종을 분양하지는 않았다. 언론의 각광을 받자 갑자기 삽살개 번식가라는 사람들이 나타나서 근거 없는 혈통서를 애견 단체들로 하여금 발행하도록 했는데, 혈통서란 유래가 확실한 개를 누대에 걸쳐 번식한 기록을 근거로 발행할 수 있는 것이다. 즉, 광범위하고 치밀한 내부 기록 없이 발행된 혈통서는 발행자의 신뢰성만 훼손시킨다.

둘째, 조사 연구된 외적 형태와 체질, 그리고 성품 특징을 근거로 마련된 품종 기준에 대체로 부합하면서 종족적 특징을 지녀야 할 것이다.

셋째, DNA 지문 검사나 여타 몇 가지 유전자 차원의 검사들에 의해 집단유전학적으로 원종 집단의 유전자 구성과 공통점이 있어야 할 것이다.

경산 삽살개 집단이 지난 20년 이상 유지되어 오면서 외부
유출이 엄격히 통제되어 온 것은 원종 집단의 순수성 유지와
내부 기록 축적이 선행 조건이었기 때문이다. 1999년을 기점
으로 100두를 무상 분양했는데 이는 혈통 관리 체계의 전산화
로 인해 개체 관리에 자신이 있기 때문이었다. 이후 삽살개의
혈통 관리는 전산화와 전자 칩 그리고 DNA 지문법의 적용으
로 신뢰성을 높여 가며 추진하고 있다.

한·중·일의 개와 문화

한·중·일 개의 유래와 의미

개의 조상이 늑대라는 데는 이견의 여지가 없으나 어느 지역의 늑대가 개의 직접적인 조상인지에 대해서는 학자들 간에 논란이 있어 왔다. 고고학적인 증거만으로 볼 때는 약 14,000년 전의 중동에서 시리아 늑대로부터 개의 가축화가 시작된 것으로 추정되었다. 그러나 최근 유전자 분석 결과에 의하면 중국 늑대가 세계 모든 개들의 조상이며 가축화의 시기도 훨씬 오래된 것으로 밝혀졌다. 체구가 비교적 작은 중국 늑대가 어쩌면 약 10만 년쯤 전에 인간의 서식지 근방을 배회하면서 서서히 인간에 대한 두려움을 극복하고 개가 된 것이 아닌가 생각된다. 한번 인간의 생활 영역 안으로 들어온 중국 늑대들이 개가 된 후 그 유용성으로 인해 인간 종족이 사는 모든 곳으로 전파되어 널리 길러지게 된 것이다.

비록 개의 가축화는 중국에서 시작되었지만 예술품이나 문헌에 등장하는 최초 개의 모습은 고대 문명의 발상지인 중동 지역이나 이집트의 벽화에서 주로 볼 수 있다. 3,000년 전 아시리아 수도 니느베의 테라코타 유물에서 현존하는 싸움개인 마스티프(Mastiff) 닮은 개들이 군인들과 함께 싸움터에 등장한 것을 볼 수 있다. 서양 사람들이 목양견이나 특수한 용도의 사냥개들을 오래전부터 육종하여 다양한 용도로 사용한 것과는 달리 동양에서는 역사 기간 동안 개를 그처럼 다양한 용도로 활용한 것 같지는 않다. 다만 고대 중국의 황실에서 소형 애완견을 소중하게 기르며 애완했다는 내용의 기록들은 있다고 한다.

고대 동양인의 삶에서 개가 차지하는 비중이 서양에 비해 상대적으로 폭넓지 않았던 것 같다. 그러나 2,000년 전 한국의 고분 출토 유물이나 벽화로 판단하건대 고대 한반도에서 살았던 개들은 지금보다는 훨씬 대우받으면서 살았다는 추측을 할 수 있다. 삼천포 늑도에서 출토된 7구의 개 전신 유골은 생전의 주인 시신 주변에 배치되어 순장된 형태로 발견되었다. 주인의 저승길 여행의 동반자이면서 안내자로서 예우를 갖추어서 장사되었던 것이다. 고구려 각저총(角抵塚) 고분에 등장하는 진돗개 닮은 누렁이는 멋있는 목걸이를 두르고 눈빛

일본의 신령스러운 개 고마이누

도 선명하게 고분의 주인을 지키고 있다. 사악한 기운을 쫓는 고분 지킴이로 인정받은 것을 볼 때 당시 개의 위상이 지금 같지는 않았다는 것을 알 수 있다.

토양 성분이 산성이 아닌 일본에서는 동물 유골 같은 자연 유물들의 보존이 보다 용이하여 약 8,000년 전의 빗살무늬 토기들과 함께 오래된 개 두개골들이 종종 출토되기도 한다. 개 두개골의 모양으로 볼 때 동남아 지역의 개들과 혈연적 연관이 있는 것으로 추측되며 당시 개를 식용으로 다룬 흔적은 찾아볼 수 없으며 소중하게 관리되었다는 인상들을 남기고 있다고 한다.

개를 함부로 다루지 않는 일본 사람들의 오랜 관행을 잘 살펴볼 수 있는 또 다른 예로 고마이누(狛犬)를 들 수 있다. 일본의 이름 있는 신사나 왕궁의 대문에는 으레 고마이누 석상이나 목상이 자리하고 있는데 삼한시대 한국에서 온 악귀를 쫓는 영수(靈獸)가 바로 고마이누라고 한다. 이러한 조각상들은 우리나라 다보탑에 있는 사자상과 흡사한 모습을 하고 있는데 한국의 삽살개가 바로 고마이누의 모델이라는 주장도 있다.

본격적인 농경 생활이 시작되기 이전의 고대 동양 삼국에서 개에 대한 인식은 지금 우리가 느끼는 개에 대한 인식과 상당한 차이가 있었던 것 같다. 집 한쪽 구석에 묶여 평생을

노예처럼 지내면서 주는 밥이나 꼬리치며 얻어먹고 비굴하게 살아가는 개가 아니라 왕궁이나 고분을 당당히 지키는 신령스런 동물이 바로 개였던 것이다.

한·중·일 개의 가축으로서의 역사

동물 중에서 가장 먼저 가축화되어 인간의 생활 영역 안으로 들어오게 된 개는 여러 가지 유용한 용도를 지닌다. 어둠을 지키는 개, 외적의 침입을 미리 알아내어 쫓아 주는 번견으로서의 용도는 어쩌면 농업혁명 이전부터 가장 소중하게 활용되었을 것이다. 이제는 높은 담벼락과 경찰, 경보기가 개인의 재산을 지켜 주지만 별다른 보호 장치가 없던 떠돌이 고대 사회에서는 그만큼 개의 역할이 컸을 것이다. 번견으로서의 개의 가치만으로도 전 세계적으로 모든 인간 종족이 개를 기르게 된 동기가 되었다.

그러나 논농사가 주산업이 되고 유동 인구가 적은 촌락들의 형태가 정착되면서 한·중·일 공통으로 집 지키는 개의 가치는 상당 수준 절하되었다고 볼 수 있다. 어쩌다 집을 지켜 주어서 좋기도 하지만 필요에 따라서는 비상식량용 단백질원으로도 괜찮은 것이 개였다. 과거 2,000년 동안 비천한 개의 이미지가 만들어진 이유 중 하나를 여기서 찾을 수 있다.

다음으로 중요한 용도는 목양견으로서의 역할이었다. 방목하는 가축을 곰이나 늑대 같은 야생 동물로부터 지켜 주거나 목자를 도와 양 떼를 몬다거나 하는 개의 역할이 유목민들에게는 필수 불가결한 일이었다. 그 때문인지 개를 대하는 방식에 있어서 논농사가 주업인 동양과 오랜 유목의 전통이 있는 서양인들 사이에 현격한 차이가 있음을 쉽게 알 수 있다. 유목민들에게는 가족의 일원으로 대접 받지만 농민들에게는 때때로 비상식량도 될 수 있는 한갓 고기 덩어리에 불과했다.

중국의 차우차우(Chow-Chow)는 혓바닥이 검은 독특한 스피츠(spitz)계열의 개인데 예로부터 고기용 개로서 번식되었다고 한다. 이에 반해 유목민인 몽고족들이 키우는 개들은 타이가(taiga), 몽골(mongol) 등이 있는데 크고 날렵하여 유목 용도에 적합하며 결코 잡아먹는 개가 아니었다.

세 번째 중요한 개의 용도는 사냥 수단이다. 동서양을 막론하고 다양한 형태의 사냥에 개가 활용되었는데, 이는 생계 수단이기보다는 여흥과 취미 차원의 스포츠형 사냥이 대부분이었다. 개를 동원한 스포츠형 사냥에 있어서도 동서양은 현격한 차이가 있었다. 같은 유교 문화권에 속한 논농사 위주의 한·중·일 삼국은 대체로 비슷한 모습을 보였다. 한편 서양에서 흔히 보는 귀족들에 의한 대규모 개를 동원한 사냥 행사는 한·중·일 어느 나라에서도 행해진 적이 없었던 것 같다.

서양에서는 수많은 전문 사냥개들을 용도별로 육종해 내었다. 동양 토종개 중에는 진돗개나 북해도견처럼 천부적으로 사냥 능력이 뛰어난 개들도 있지만 이러한 능력을 개발해서 특수 용도의 사냥개로 품종을 고정한 예는 거의 없다. 한·중·

일 지배층의 어느 누구도 개를 활용한 사냥에 그다지 관심이 없었음을 보여 주는 증거이다.

한·중·일 개의 종류와 형태

한국의 토종개

아시아 토종개들에 대한 유전자 비교 분석을 해 보면 한국 개들은 북방견인 몽고, 시베리아 개들과 혈연적 연관이 가장 깊은 것으로 나타난다. 이는 북방 유목민들과 함께 남하한 개들이 우리 개들의 직계 선조라는 직접적인 증거가 된다. 처음에는 중대형의 유목민 개가 반도에 유입되었으나 논농사 위주의 환경이 조성되면서 다소 소형화되어 지금의 진돗개나 삽살개 크기로 되었을 것이다.

간혹 조공무역의 영향으로 중국 지배층에서 애호하던 소형 애완견들이 수입되어 서울 장안의 권문세가에서도 이들을 길렀던 것 같다. 조선의 화가 '오원(吾園) 장승업(張承業)'의 그림에 자주 등장하는 페키니스(pekingese)를 닮은 발발이 같은 개들과 '혜원(蕙園) 신윤복(申潤福)'의 그림에 나오는 주둥이가 뾰족한 작은 개들은 중국 혈통의 애완견들과 어떤 형태로든 연관이 있었던 것 같다.

이미 이 땅에 살고 있던 선주민들과 새로 유입된 유민들이 시간이 지나면서 자연스럽게 융화되어 하나의 유전자 풀(Pool)을 형성하여 단일민족이 되었듯이 여러 번에 걸쳐 몽고와 중국으로부터 유입된 개들도 시간이 지나면서 하나의 유전자 풀을 형성하게 되고 한반도 토종개로서 자리를 잡게 되었을 것이다. 이 개들은 자연스럽게 사계절이 뚜렷한 우리나라 기후 풍토에 길들여졌는데, 약한 개들은 자연히 도태되어 그 수가 줄어들게 되고 질병에 강하고 생존 능력이 뛰어난 개들만이 살아남게 된 것이다.

자연에 의한 도태는 이루어졌으나 개를 용도 혹은 모양과 특정 성격에 따라 하나의 품종으로 고정해 낸다든지 개량해 보는 일, 즉 인위적 도태와 선발은 근대 이전에는 누구에 의해서도 시도된 적이 없었다. 막연히 모양이 좀 특징적인 개에 대해서 사용하던 몇 개의 이름만이 기록으로 전해지는 것을 보더라도 근대에 이르기까지 품종으로 개를 구분한다는 생각은 하지 못했던 것 같다.

외형 특징에 따라 지칭하던 이름으로는 삽살개, 바독개(바둑이), 발발이 정도가 있으며 개의 크기에 따라서 몇 가지 다른 한자어로 구분하기도 했다. 큰 개는 오(獒)와 방(尨)자를, 작은 개는 구(狗)자를, 보통 크기의 개에 대해서는 견(犬)자를 사용했었는데 방자의 경우에는 클(大) 방이란 의미도 있지만 털 긴 삽살개라는 의미도 있었다.

기록된 근거는 없지만 떠도는 소문으로 특정 지역에 좋은 사냥개가 있다느니 해서 명견에 대한 전설적인 이야기들도 있었던 것 같다. 호랑이 잡는 풍산개나 주인에게 충직한 해남개 또는 우수한 거제 사냥개에 대한 이야기들이 그 예가 될 수 있는데, 비록 당시에는 그 지역의 개 집단을 지칭한 것은 아니었다 하더라도 지역 특산종으로서 해남개나 거제개가 보존되고 육종되었더라면 하는 아쉬움이 남는다.

수천 년 동안 유지되어 오던 우리 토종개들의 모양과 유전자 구성이 크게 바뀐 것은 일제 강점기와 해방 후 서양 문물의 급격한 도입 시기 기간이었다. 우리 토종개들을 수탈해 갈 하나의 자원으로 보고 대규모 도살을 감행한 조선총독부의 정책으로 인해 대부분의 중·대형 개들이 거의 전멸 지경에 이르게 되었으며, 마침내는 우리 개에 대한 인식조차 왜곡되어 버렸는데 토종개라면 진돗개처럼 귀가 서고 주둥이가 뾰족한 단모종 개라야 된다고 생각하게끔 되었다.

일제 강점기를 지나 세 가지 품종의 개가 이제 한국의 대표적 토종개로 공식 인정받게 되었다. 진도의 진돗개, 경산의 삽살개, 북한의 풍산개이다. 진돗개는 일본의 기주견(kishu dog)을 닮았다는 이유로 1938년 조선총독부에 의해 천연기념물 제53호로 지정되어 보호받아 왔는데 최근에는 영국 애견협회로부터 국제 공인도 받았다. 풍산개 역시 일제 강점기인 1943년에 천연기념물로 지정을 받았으나, 해방 후 지속적인 보호를 받지 못하다가 김정일 국방위원장의 지시와 관심으로 다시 보존 사업이 재개되어 오늘에 이르고 있다. 우리 개의 진정한 대표라 할 수 있는 액운을 쫓는 삽살개는 일제 강점기 때 거의 멸종 위기에까지 갔으나 해방 후 경북대학교 교수들의 보존 노력에 힘입어 이제는 원형이 거의 재현되었다. 우리 정부에 의

해 1992년에 천연기념물 제368호로 지정받게 되었고 현재는
세계적인 명견들과 경쟁할 만한 기반 구축을 위해 다양한 노
력들이 펼쳐지고 있다.

중국의 토종개

중국은 워낙 땅이 넓고 그 역사가 장구하여 어떠한 개라도
그 땅 어디에서든 찾아 볼 수 있다. 그러나 동서양을 막론한
모든 형태의 개가 중국에 있기는 하지만 중국 사람에 의해 현
대적 의미의 육종 기술이 적용되어 만들어진 중국 개는 그리
많지 않다.

많지는 않지만 품종이 고정되어 국제적으로 인정받는 중국
유래의 견종 중 하나는 지배층의 애완견으로 수천 년간 유지
되어 왔다는 페키니스(pekingese)이다. 당나라 현종 시대에는 금
사구(金獅狗)로 지칭되기도 한 스피츠 계열의 소형견인데 고대
중국인들에 의해 혈통이 유지되어 오다가 아편전쟁 당시 영국
군인들에 의해 영국으로 건너가서 오늘날의 페키니스 견종이
되었다. 몸에 비해 두상이 크고 온몸이 긴 털로 덮인 이 개는
독특한 품성과 동양적 아름다움을 지닌 화초 같은 개로 알려
져 있다. 비슷하게 생긴 다른 중국의 소형 애완견으로는 17세
기 티베트의 조공품에서 유래되었다는 시츄(shih-tzu)가 있다.
이들 소형 애완견들의 존재는 중국 귀족 사회의 사치스런 애
견 취미의 일면을 보여 준다.

중형견으로는 차우차우가 있는데 마치 곰 인형을 보는 것

중국의 토종개(위부터 차우차우, 샤페이, 차이니스 크레스티드 도그)

같이 독특한 외모를 지니고 있다. 중국에서 흔하게 있는 스피츠 계열의 개에 마스티프의 혈통이 혼입되어 중후한 인상의 이 개가 생겨났다는 설이 있다. 혀가 검푸른 색깔을 띠는 것이 특징이며 고대 중국에서는 고기용으로 번식·유지되었다는 이야기도 전해진다.

세계 어디서도 찾아볼 수 없는 중국만의 특이종으로 샤페이(shar-pei)라는 개가 있다. 눈과 귀는 작고 얼굴이 쭈글쭈글하며 피부는 마치 억센 모래 연마용 종이 껍질처럼 거친 개로서 한 왕조 이후 주로 남중국 지역에서 서식해 왔다고 한다. 원래는 투견용으로 키우던 개로 생각되나 번견이나 사냥개로도 활용되었다고 하는데 차우차우와 마찬가지로 검푸른 혀를 가지고 있다.

차이니스 헤어리스 크레스티드 도그(chinese hairless crested dog)이란 개 역시 대단히 특이한 개이다. 이 개는 얼굴 상단부만 제외하고는 온몸에 마치 사람처럼 털이 없는 개이다. 13세기의 기록에 언급되어 있는 이 개는 생김새의 특이성으로 인해 애완용으로 유지되어 오던 개 중 하나로 생각된다. 중국에는

79

여러 가지 특이한 개들이 많았으며 이들 중 일부가 혈통이 유지되어 세계적인 품종으로 남게 되었다. 그러나 공산주의가 지배하던 기간 동안 많은 토종개들이 사라지면서 종의 다양성이 상당 부분 소실되어 버린 것으로 알려져 있다.

일본의 토종개

일본 학자들의 연구에 의하면 일본 개의 원류는 약 일만 년 전 대만과 오키나와를 거처 해상로를 타고 올라온 남방 유래라고 한다. 이들이 이후 고분 시대에 이르러 한반도에서 들어온 대규모 도래인의 개, 즉 북방견들과 섞이게 되어 현재의 일본 개가 되었다고 한다. 이후 17세기경에는 한국과의 문물 교류를 통해 소형 애완견이 전해지기도 했다는데 주둥이가 납작하고 눈알이 튀어나오듯이 독특하게 생긴 일본 찐(japanese chin)이라는 개가 이때 만들어졌다고 한다.

일본은 예로부터 장인 정신이 살아있으며 경험에 의한 육종 기술 전통이 있었다. 독특한 모습을 지닌 동물들을 어렵사리 육종하여 대를 이어 지킨 예가 많이 있는데 비단잉어를 다양한 변종을 유지하며 키운다든지 장미계(張尾鷄, 긴꼬리닭)를 육종하여 독특한 애완종으로 개발하기도 했다. 장미계는 특히 우리나라에서 전해 주었으나 원산지에서는 완전히 멸종되어 기록으로만 남아 있지만 일본에서는 5자 꼬리가 10자로 늘어난 닭을 육종해 내었다.

이러하듯 일본은 오래전부터 다양한 동물을 육종하거나 변

일본의 토종개(왼쪽위부터 시계방향으로 일본 찐, 도사, 기주, 일본 스피츠, 시바, 아키다)

형, 유지하는 기술이 있었는데 개 분야에서도 일찍부터 능력을 발휘하여 여러 품종을 만들거나 복원해 내는 일들을 게을리 하지 않았다. 도사 지역에서는 지역 투견용 토종개에다가 서양의 대형 싸움개들을 교잡하여 일본의 대표적 투견인 도사(tosa)견을 만들어 내었으며 소형 애완견으로는 찐 이외에도 일본 스피츠(japanese spitz)와 일본 스파니엘(japanese spaniel)이라는 품종을 육종했다.

특히 1930년대에 와서는 여러 지역 특산종 개들을 보호하기 시작했는데 아키다(akita)견을 필두로 시바(shiba)견, 기주(kishu)견, 갑배견 등의 보호회를 조직하였으며 정부에서는 천연기념물로 지정을 해 주었다. 일본은 지역 토종개의 혈통을 조직적으로 관리하여 세계 기준에 맞는 품종으로 키워 내었을 뿐만 아니라 적절한 마케팅을 통해 일본 개의 세계적 홍보에도 성공하고 있다. 아키다견 같은 개는 세계적으로 인기 견종이 되었으며 이 같은 노력으로 인해 일본은 애견 문화와 산업 분야에서 세계적인 수준에 올랐다.

한국의 개들

풍산개

　풍산개는 함경남도(량강도) 풍산군(김형권군) 풍산면과 안수면
일대에서 오래전부터 길러 오던 토착개이다. 북한 자료에 의
하면 개와 승냥이의 교잡으로 생겨났다는 설도 있으나 러시아
아무르 강 일대에서 호랑이 사냥하던 북방견, 라이카의 후손
이라는 설이 보다 더 설득력이 있다. 만주의 고드레 개를 외형
적으로 많이 닮았다고도 하는데 아마도 만주, 시베리아 등지
의 북방견들과 혈연적인 연관이 있기 때문에 형태의 특징을
공유하는 것이 아닌가 생각된다.

　형태적으로 진돗개와도 많이 닮은 풍산개는 전형적인 북방

견에 속한다. 일반적으로 남쪽 도서 지방의 개들보다는 북쪽
산악 지역 개들의 체구 구성이 강건하며 큰 것이 특징인데 시
베리아나 몽고 또는 에스키모개들보다는 체구가 작지만 풍산
개 역시 진돗개보다는 조금 큰 중형견에 속한다. 우리 민족이
남하하여 반도에 정착할 당시 같이 이동하여 정착한 것으로
믿어지는데 고원 산악 지대라는 지리적 고립성으로 인해 고유
의 토착 풍산개가 형성된 것으로 믿어진다. 풍산개는 구한말
호랑이 사냥꾼인 백색 러시아 포수들과 갑산 포수들에 의해
그 용맹성이 알려지면서 유명하게 되었다고 한다.

풍산개의 천연기념물 지정도 처음에는 일본인 모리 교수에
의해 추진되었다. 모리 교수의 건의를 받아들여 1942년 6월
15일 조선총독부는 풍산개를 천연기념물 제128호로 지정하였
으며 진돗개와 마찬가지로 정책적인 보호 운동을 폈다고 한
다. 이를 승계하여 해방 후 북한에서도 풍산개를 천연기념물
로 지정하여 국가 보호 개로 인정
하였다. 1965년에는 몇 마리 남지
않은 풍산개를 국견으로 지정하였
으며 1975년에는 풍산군 광동면
광덕리를 종축장으로 지정하여 국
가사업으로 사육을 시작하였고 소
수의 풍산개를 풍산 중·고등학교
와 평양축견 연구소, 군부대에서도
사육하게 되었다고 한다.

풍산개

우리나라에서는 한 무역업자가 1993년 11월에 중국을 통해 인천으로 몰래 10여 마리를 들여온 것이 최초라고 하나, 일본을 통해 그 이전에 수입된 적이 있었다는 주장도 있다. 그러나 1993년 이후 수입 근거와 출처에 대한 확인도 없이 여러 언론매체에서 풍산개를 무분별하게 흥미 위주로 다루었으며, 고가로 거래된다는 소문이 나돌면서 중국을 통해 많은 개들이 풍산개라는 이름으로 수입되기 시작했다.

현재 우리나라 풍산개의 실상은 전국에 산재해 있는 풍산개 사육 농장에서 자기만의 정통성과 우수성을 주장하고 있으나, 정작 원산지인 북한으로부터 공개된 자료의 부족으로 인해 판단 근거가 없는 형편이다. 초기에 수입된 개들 중에는 귀가 누운 개들이 많았으나 최근의 개들은 선 귀의 개가 많은 등 기본 형태에 대한 기준조차 불확실한 것이 현재 상황이다. 풍산개의 원조는 북한의 풍산 지역이므로 북한으로부터 공개된 자료와 표준이 될 만한 다수의 개들이 있어야만 논의의 진행이 가능해진다. 북한 풍산개의 혈액 DNA로부터 유전자 분석이 이루어지고 삽살개 및 진돗개와의 비교 연구가 된 연후라야 소위 국내 풍산개들의 진위 여부가 가려질 수 있을 것이다.

풍산개의 체형 및 형태 특징은 다음과 같다.

체고 55~60cm, 체장 60~65cm, 체중 20~30kg인 중형견으로 몸에는 털이 빽빽이 나 있으며 모색은 흰색인데 연한 재색털이 고르게 섞인 것도 있다. 머리는 둥글고 아래 턱이 약간 나왔으며 비색은 살색 또는 검은색이며 주둥이는 넓고 짧다.

귀는 삼각형으로 직립하며 끝이 앞으로 약간 굽었다. 꼬리는 말려 있으며 길고 부드러운 털이 있다. 턱 밑은 콩알만 한 도드리가 있는데 거기에는 5~10cm 정도 되는 수염 모양의 털이 3대 정도씩 나 있다. 이마는 두드러져 보이고 눈은 오목 들어 간 것처럼 보이는데 눈알은 검고 둥글다. 목은 짧고 굵으며 앞가슴은 넓고 깊으며 발달되었다. 허리는 중정도로 길고 배는 늘어지지 않았으며 등은 넓다. 엉덩이도 넓으며 뒷다리의 자세는 곧다. 풍산개는 3흑이라야 한다는 이야기가 전해지는데 일제 때만 해도 눈, 코, 주둥이가 검어야 순종으로 취급받았다고 한다.(『북한판 백과사전』, 풍산개 자료)

사냥개로 길러진 만큼 날래고 용감하며 민첩하기로 유명하다. 풍산개 세 마리만 있으면 호랑이를 만나도 무섭지 않다는 이야기가 전해지고 있으며 사냥 중에는 절대로 짖지 않고 사냥물을 정하면 놓치지 않는다고 한다. 추위에 특히 강하고 겨울철에도 밖에서 잔다고 하나 더위에는 비교적 약한 것으로 알려져 있다. 일제 강점기 때 경성 지방으로 반출된 몇 마리 풍산개가 여름을 넘기지 못하고 죽었다는 일화가 전해진다.

제주개

언제부터 제주도에 개가 길러졌는지 확실한 연대는 알 수 없으나 상당히 오래전일 것이라고 추측된다. 중국, 일본, 한국을 잇는 고대 해로의 요충지인 지리적 조건으로 볼 때 비교적

일찍부터 개를 길렀을 것이
다. 항해술이 발달하면서 고
대 기항지로서 제주도의 가
치가 감소하게 되었으며 이
로 인해 잡종화가 거의 일어
나지 않게 되어 제주개의 원
모습이 유지되었다.

제주개

　그러나 일제 강점기에 군수 모피 자원으로 대규모 도살과
공출이 자행되었으며 해방 후에는 가난한 제주도 주민들의 식
용 자원으로 도살된 까닭에 그 수가 급격히 준데다 육지로부
터 반입된 진돗개의 수적 증가로 인해 잡종화가 광범위하게
진행되었다. 이에 따라 제주도 축산진흥원이 1986년부터 제주
도 전역을 뒤져 수컷 한 마리와 암컷 두 마리를 찾아내어 순
종 번식 작업에 착수하였는데, 현재 수컷 7두를 포함하여 성
견 30두 수준의 원종 집단으로 보존하고 있다.

　체형 및 형태 특징(제주도 축산 진흥원)
　　·체중: 암 12.6kg, 수 16.3kg.
　　·체고: 암 45.6cm, 수 46.2cm.
　　·체장: 암 49.1cm, 수 55.8cm.
　　·흉위: 암 51.5cm, 수 55cm.
　　·배고: 암 43.6cm, 수 45cm.
　　·이장: 암 7.8cm, 수 8.0cm.

· 미장: 암 23.0cm, 수 21.0cm.

· 두장: 암 16.7cm, 수 18.0cm.

· 이마는 넓고 입술은 여우 모양임.

· 다리는 가늘고 가슴이 넓으며 꼬리털은 길고, 꼬리는 상향임.

· 행동이 민첩하고 영리 온순하며 야생 동물 사냥 능력이 우수함.

· 모색은 대부분 황색에 중형종임.

· 청각, 후각, 시각이 잘 발달됨.

· 체구는 왜소하며 질병저항력이 강함.

· 주인에게 잘 순종하며 모발은 굵고 귀가 섬.

일반적인 특징(「일본 재래가축 연구회 조사 보고서」)

체구는 작지만 민첩하고 주인 말을 잘 듣는데다 질병 저항성도 뛰어나다. 예부터 집 지키는 개로 길렀으며, 한라산 중턱 산간 지대에서는 노루, 오소리 등 산짐승도 잘 잡았으므로 사냥개로도 길렀다고 한다. 형태특징은 서부의 개와 섬 동북부의 개가 조금 다른 것으로 알려지고 있으며 전체적으로 진돗개를 닮았으나 조금 작다. 서부는 진돗개나 일본 개와 거의 같고 털도 두텁다. 그러나 동북부의 개는 몸통이 약간 길고 주둥이도 긴 느낌을 준다.

· 모색: 황색과 백색견이 많았는데 황색은 51.7%(116두

중 60두) 백색은 33.6%(39두)이었다. 그러나 흑호마 14두와 흑갈 4두도 있었다.

· 귀: 뾰족이 선 귀를 가진 개가 125두 중 109두로 90% 가까이 되었으며 반쯤 누운 귀가 14두로 11.2%, 완전히 누운 귀가 2두로 1.6%였다.

· 꼬리: 압도적으로 선 꼬리(125두 중 106두)가 많았으며 말린 꼬리는 전체의 1/8, 누운 꼬리는 4두로서 3.2%였다.

· 설반과 랑조: 설반은 2두(1.6%)에서, 랑조는 5두에서 발견 되었다.

· 체형: 체고는 수컷이 41.28cm, 암컷이 40.72cm, 체장은 수컷 50.88cm, 암컷 48.78cm, 흉위는 수컷 54.71cm, 암컷 52.32cm이었다.

(※ 다나베 등 일본 학자들에 의해 조사 보고된 자료인데 제주도 축산 진흥원에서 보존하고 있는 개가 아니라 제주도 일반 민가에서 길러지고 있던 개들을 대상으로 조사한 자료이다)

제주개에 대한 일본 학자들의 조사 보고는 잡종화가 상당히 진행된, 현재 제주도에 서식하고 있는 제주개들에 대한 연구 결과이다. 따라서 현재 축산 진흥원에서 보존하고 있는 제주개 원종이 이들과 어떤 공통점이 있으며 또 어떻게 다른지 비교해 보는 작업부터 선행되어야 할 것이다. 이를 통해 제주개의 품종 기준을 설정하여 앞으로의 육종 방향을 분명히 하는 것이 무엇보다도 중요한 일이 될 것이다.

문헌 탐색을 통해 제주개의 기원이나 옛 모습을 규정지을 수 있는 자료를 발견한다면 더없이 좋은 일이겠지만 이런 부차적인 자료 없이도 할 수 있는 일은 많이 있다. 우선 제주도 축산 진흥원에서는 핵심이 되는 원종 최저 두수를 선정해서 사육하지만, 나머지 개들은 '제주개 마을' 등을 제주도 내 여러 지역에 지정하여 일반인들이 기르게 하면 좋을 것이다. 데이터베이스를 만들어 혈통 관리를 해 주며, 정기적인 품평회를 통해 육종의 방향을 잡아 주는 것은 진흥원이 반드시 추진해야 할 일이 될 것이다. 이왕 제주개 복원을 목표로 정부 기관인 축산 진흥원이 시작한 일이므로 좋은 결과를 만들어 낼 수 있을 것으로 믿고 기대해 본다.

고려개

삽살개 육종 과정에서 털이 짧은 개들이 낮은 빈도로 태어난다. 얼굴은 단모지만 몸의 털은 비교적 긴 굽실 굽실한 중모견도 있는가 하면, 귀는 눕고 주둥이가 길쭉한 모습의 단모종 개들도 있다. 몸의 털만 비교적 긴 개들은 김두량 그림에서 볼 수 있는 조선 시대 옛 개의 모습을 띠고 있기도 한다. 이미 멸종된 것으로 알았던 옛 개들의 모습이 삽살개 집단의 유전자 속에서는 아직도 살아남아 있었던 것이다.

김두량의 개를 닮은 이 개들을 따로 분리하여 혈통 관리 한다면 잃어버린 우리 개의 한 품종을 다시 복원해 낼 수도 있

고려개

을 것이다. 보존하고 있는 황구와 네눈박이 흑구의 사진을 아래에 제시하였는데 흥미로운 것은 오수개 연구위원회에서 제시한 복원할 가상의 오수개 모습과도 상당 수준 닮아 있다는 점이다.

성품은 일반 삽살개들과 동일하다고 보면 틀림없다. 변 갈이를 잘하고 깔끔하며 주인에게 충직한 것이 틀림없는 우리 개이다. 체질 역시 일반 삽살개와 같다고 보아야 할 것인데 어떤 경우에는 보다 강한 면이 있는 것 같기도 하다. 고려개 두 수가 아직 작아서 객관적인 비교가 어려운 것은 사실이나, 강아지 상태에서 일반 삽살개들과 같이 키울 경우 보다 건강하게 자라는 경우를 종종 보았던 것이다.

혈통적 특징은 초기에는 청삽살개 가계에서 주로 출현했는데 최근에는 황색 고려개도 태어나고 있다. 아마도 육종 과정 중에 청과 황의 교잡으로 인해 유전자의 섞임이 일어난 것이 원인으로 생각된다. 고려개와 삽살개가 외형은 일견 다를 지라도 유전자 차원에서는 99% 이상이 동일하다고 보는 것이 현재로서는 타당한 판단이다. 그러나 여러 대에 걸쳐 분리하여 육종한다면 상당히 다른 특징을 지닌 개들로 만들어 갈 수도 있을 것이다.

재미있는 사실은 코카서스 목양견과 중앙아시아 목양견이 우리 고려개들과 흡사한 외형을 지니고 있다는 점이다. 털 긴 삽살개는 남러시아 목양견과 흡사하고, 털 짧은 고려개는 북쪽 아시아 목양견을 닮은 것을 볼 때 유전자 세탁 중인 원재료 삽살개 혈통 속에는 몽고개뿐만 아니라 아시아 북방견의 혈통이 두루 담겨져 있음을 추측할 수 있다.

오수개

고려 때 최자가 쓴 보한집에 주인 구한 충견에 대한 이야기가 있다. 임실군 둔남면 오수리(당시 거령현, 현 지산면 영천리)에 살던 김개인이란 사람이 술에 취해 풀밭에 쓰러져 있는 것을 따라 다니던 개가 몸에 물을 묻혀서 주변의 불을 끄고는 죽었다고 한다. 주인이 후에 개가 자기 목숨을 구해준 것을 알고 고맙게 여겨 정중히 묻어 주면서 무덤 주변에 사용하던 지팡이를 꽂아 두었는데 나중에 이 지팡이에서 싹이 나고 줄기가 자라 큰 나무로 성장했다 해서 오수라는 이름이 생겼다고 한다. 1,000년이 지난 지금, 임실군 오수리에서는 당시의 명견을 기리기 위해 오수 의견 문화제를 매년 열고 있으며 오수개 복

오수개 복원도

원 사업을 추진하고 있다.

임실 오수견 연구 위원회에서 제시한 오수개의 모습은 대체로 다음과 같다. 몸에 물을 묻혀서 불을 끄기 위해서는 장모종이었을 것이며, 덩치도 진돗개보다는 조금 큰 중형견은 되어야 했을 것이다. 우리 토종개의 전형적인 모양을 갖추었을 것이란 가정 아래 얻어진 오수개의 복원도는 겉으로는 순해 보이지만 기백도 있어 보이는 개를 그려 내고 있다.

오수개 복원에서 중요한 전제 조건 중 하나는 복원의 원 재료가 믿을 만한 우리 토종개여야 한다는 것과 또 복원도와 흡사한 모습을 지녀야 할뿐만 아니라 성품과 체질이 우수해야 한다는 것일 것이다.

거제개

1971년 거제대교가 놓이기 전까지만 해도 순수 혈통이 상

거제개

당히 유지되어 왔다는 거제개는, 우수한 사냥개로서 사냥꾼들 사이에서 꽤 알려 졌었다고 한다. 다른 사냥개들과는 달리 가축과 야생 짐승에 대한 분별력이 뛰어 날 뿐만 아니라 평소에는 온순하지만 사냥에 나설 때는 목표물을 끝까지 추적하는 지구력이 뛰어나며 민첩성과 용맹성도 진돗개나 풍산개에 뒤지지 않는 것으로 알려져 있다.

최근에는 외지 개와의 교잡에 의해 거의 잡종화가 되었다고 하는데 얼마 전까지만 해도 둔덕, 남부면 일부 지역에 옛 모습을 지닌 거제개가 극소수 남아 있었다고 한다. 1992년과 1993년에 걸쳐 몇몇 거제 현지인들에 의해 거제견 보존 육성회가 결성되어 거제견 탐색 작업이 추진된 바 있으나 지속적인 보존 사업으로 연결되지 못하고 중도 포기하였는데 심히 안타까운 일이다.

참고문헌

J. C. 블록, 과학세대 옮김, 『인간과 가축의 역사』, 새날, 1981.

스티븐 부디안스키, 이상원 옮김, 『개에 대하여』, 사이언스북스, 2000.

하지홍, 『한국의 개』, 경북대출판부, 2003.

일본 재래가축 연구회, 「일본 재래가축 연구회 보고」 제17호, 1999.

A. R. Clark, *The International Encyclopedia of Dogs*, Book House, 1995.

Roy Robinson, *Genetics for Dog Breeders*, Butterworth-Heinemann, 1999.

하지홍 교수의 개 이야기

펴낸날	초판 1쇄 2008년 10월 31일
	초판 2쇄 2013년 10월 31일

지은이	하지홍
펴낸이	심만수
펴낸곳	(주)살림출판사
출판등록	1989년 11월 1일 제9-210호

주소	경기도 파주시 문발동 522-1
전화	031-955-1350 팩스 031-624-1356
기획 · 편집	031-955-4662
홈페이지	http://www.sallimbooks.com
이메일	book@sallimbooks.com

ISBN	978-89-522-1023-4 04080

※ 값은 뒤표지에 있습니다.
※ 잘못 만들어진 책은 구입하신 서점에서 바꾸어 드립니다.

126 초끈이론 아인슈타인의 꿈을 찾아서 eBook

박재모(포항공대 물리학과 교수)·현승준(연세대 물리학과 교수)

빠르게 발전하고 있는 초끈이론을 일반대중이 이해할 수 있도록 쉽게 풀어쓴 책. 중력을 성공적으로 양자화하고 모든 종류의 입자와 그들 간의 상호작용을 포함하는 모형으로 각광받고 있는 초끈이론을 설명한다. 초끈이론을 이해하기 위해 필요한 양자역학이나 일반상대론 등 현대물리학의 제 분야에 대해서도 알기 쉽게 소개한다.

125 나노 미시세계가 거시세계를 바꾼다 eBook

이영희(성균관대 물리학과 교수)

박테리아 크기의 1000분의 1에 해당하는 크기인 '나노'가 인간 세계를 어떻게 바꿔 놓을 것인지에 대한 해답을 제시하는 책. 나노기술이란 무엇이고 나노크기의 재료들은 어떻게 만들어지는가, 나노크기의 재료들을 어떻게 조작해 새로운 기술들을 이끌어내는가, 조작을 통해 어떤 기술들을 실현하는가를 다양한 예를 통해 소개한다.

448 파이온에서 힉스 입자까지 eBook

이강영(경상대 물리교육과 교수)

누구나 한번쯤 '우주는 어디에서 시작됐을까?' '물질의 근본은 어디일까?'와 같은 의문을 품어본 적은 있을 것이다. 물질과 에너지의 궁극적 본질에 다가서면 다가설수록 우주의 근원을 이해하는 일도 쉬워진다고 한다. 이 책은 바로 이러한 질문들의 해답을 찾기 위해 애쓰는 물리학자들의 긴 여정을 담고 있다.

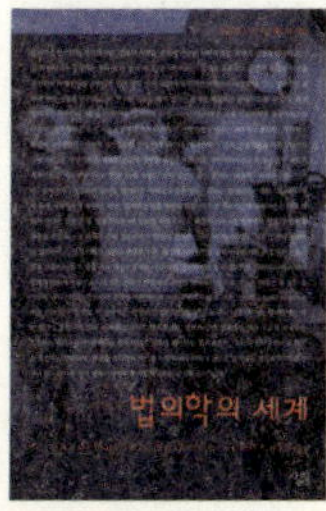

035 법의학의 세계 eBook

이윤성(서울대 법의학과 교수)

최근 드라마나 영화를 통해 일반인의 호기심을 자극하고 있지만 거의 알려지지 않은 법의학을 소개한 책. 법의학의 여러 분야에 대한 소개, 부검의 필요성과 절차, 사망의 원인과 종류, 사망시각 추정과 신원확인, 교통사고와 질식사 그리고 익사와 관련된 흥미로운 사건들을 통해 법의학에 대한 이해를 돕는다.

395 적정기술이란 무엇인가　eBook

김정태(적정기술재단 사무국장)

적정기술은 빈곤과 질병으로부터 싸우고 있는 전 세계의 사람들에게 희망을 안겨주는 따뜻한 기술이다. 이 책에서는 적정기술이 탄생하게 된 배경과 함께 적정기술의 역사, 정의, 개척자들을 소개함으로써 적정기술에 대한기본적인 이해를 돕고 있다. 소외된 90%를 위한기술을 통해 독자들은 세상을 바꾸는 작지만 강한 힘이란 무엇인가에 대해서 알 수 있을 것이다.

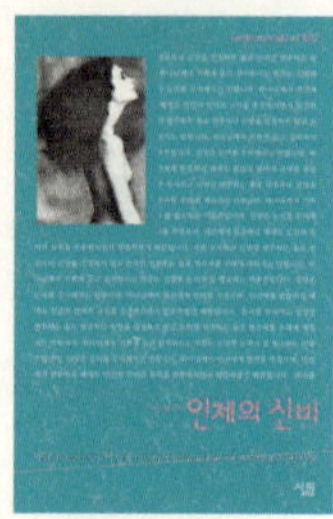

022 인체의 신비

이성주(코리아메디케어 대표)

내 자신이었으면서도 여전히 낯설었던 몸에 대한 지식을 문학, 사회학, 예술사, 철학 등을 접목시켜 이야기해 주는 책. 몸과 마음의 신비, 배에서 나는 '꼬르륵' 소리의 비밀, '키스'가 건강에 이로운 이유, 인간은 왜 언제든 '사랑'할 수 있는가에 대한 여러 학설 등 일상에서 일어나는 수수께끼를 명쾌하게 풀어 준다.

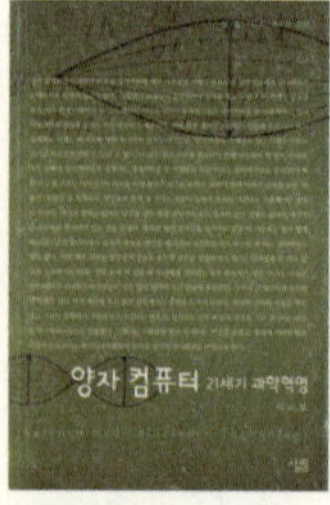

036 양자 컴퓨터　eBook

이순칠(한국과학기술원 물리학과 교수)

21세기 인류 문명에서 가장 중요한 요소 중의 하나로 꼽히는 양자 컴퓨터의 과학적 원리와 그 응용의 효과를 소개한 책. 물리학과 전산학 등 다양한 학문적 성과의 총합인 양자 컴퓨터에 대한 이해를 통해 미래사회의 발전상을 가늠하게 해준다. 저자는 어려운 전문용어가 아니라 일반 대중도 이해가 가능하도록 양자학을 쉽게 설명하고 있다.

214 미생물의 세계　eBook

이재열(경북대 생명공학부 교수)

미생물의 종류 및 미생물과 관련하여 우리 생활에서 마주칠 수 있는 여러 현상들에 대해, 알기 쉽게 풀어 설명한다. 책을 읽어나가며 독자들은 미생물들이 나름대로 형성한 그들의 세계가 인간의 그것과 다름이 없음을, 미생물도 결국은 생물이고 우리와 공생하고 있다는 사실을 알 수 있을 것이다.

375 레이첼 카슨과 침묵의 봄　　eBook

김재호(소프트웨어 연구원)

『침묵의 봄』은 100명의 세계적 석학이 뽑은 '20세기를 움직인 10권의 책' 중 4위를 차지했다. 그 책의 저자인 레이첼 카슨 역시 「타임」이 뽑은 '20세기 중요인물 100명' 중 한 명이다. 과학적 분석력과 인문학적 감수성을 융합하여 20세기 후반 환경운동에 절대적 영향을 준 레이첼 카슨과『침묵의 봄』에 대한 짧지만 알찬 안내서.

277 사상의학 바로 알기　　eBook

장동민(하늘땅한의원 원장)

이 책은 사상의학이라는 단어는 알고 있지만 심리테스트 정도의 흥밋거리로 알고 있는 사람들에게 바른 상식을 알려 준다. 또한 한의학이나 사상의학을 전공하고픈 학생들의 공부에 기초적인 도움을 준다. 사상의학의 탄생과 역사에서부터 실생활에서 적용할 수 있는 간단한 사상의학의 방법들을 소개한다.

356 기술의 역사　떼석기에서 유전자 재조합까지

송성수(부산대학교 기초교육원 교수)

우리는 기술을 단순히 사물의 단계에서 생각하기 쉽다. 하지만 기술에는 인간의 삶과 사회의 배경이 녹아들어 있다. 기술의 역사를 통해 우리는 기술과 문화, 기술과 인간의 삶을 연결시켜 생각할 수 있게 될 것이다. 이 책을 읽은 후 주변에 있는 기술을 다시 보게 되면, 그 기술이 뭔가 다른 느낌으로 다가올 것이다.

319 DNA분석과 과학수사　　eBook

박기원(국립과학수사연구소 연구관)

범죄수사에서 유전자분석에 대한 관심이 커지고 있지만 간단하게 참고할 만한 책은 거의 없는 실정이다. 이 책은 적은 분량이지만 가능한 모든 분야와 최근의 동향을 소개하고 있다. 특히, 내용의 이해를 돕기 위하여 서래마을 영아유기사건이나 대구지하철 참사 신원조회 등 실제 사건의 감정 사례를 소개하는 데도 많은 비중을 두었다.

eBook 표시가 되어있는 도서는 전자책으로 구매가 가능합니다.

㈜살림출판사
www.sallimbooks.com
주소 경기도 파주시 문발동 522-1 | 전화 031-955-1350 | 팩스 031-955-1355